陈宁 著

失能老人照料贫困

现状、致因与对策

CARE POVERTY
OF THE DISABLED OLDER ADULTS
THE STATUS, CAUSES AND COUNTERMEASURES

社会科学文献出版社
SOCIAL SCIENCES ACADEMIC PRESS (CHINA)

前　言

　　进入 21 世纪以来，我国经历着不可回避的人口老龄化。而进入老龄化社会后，对于长期照料的需求是普遍存在的。尤其是，失能老人面临"失能"和"年老"的双重挤压，决定了其是一个脆弱性较强的群体。随着老龄化、高龄化趋势的加剧以及社会、经济和家庭结构的变迁，中国众多失能老人因缺乏充足照料，陷入"照料贫困"这种收入贫困之外新的服务贫困。当前，失能老人的照料贫困问题具有一定的普遍性，大部分失能老人的照料服务停留在"获得"的层面，距离"完全满足"还有一定的差距。但是，由于国内对照料贫困问题缺乏系统全面的研究，这一问题迄今未能被政府和学界深刻认识。国外研究已经证实充分认识照料贫困问题对完善社会养老服务体系、提高失能老人生活质量、降低健康风险及理解其健康衰退过程具有重要的理论和现实意义。

　　中国作为失能老人数量最多的发展中国家，相当数量失能老人的长期照料服务获得根植于传统的家庭养老保障体系，在获得充足的长期照料服务方面面临挑战。那么如何通过制度化、社会化的途径弥补家庭照料的不足，从而充分满足失能老人的长期照料需求，则关乎每位老人在出现功能障碍之后的生活质量和生命尊严。鉴于此，他们的长期照料困境已然超越个体和家庭层面成为重要的社会政策议题。近年来，中国学术界就失能老人的长期照料问题进行了深入研究，并形成两条分析路径：一是从需求端出发的研究思路，多考察长期照料的需求层次、需求内容、需求规模测算以及影响照料需求的因素等；二是基于供给视角，从长期照料服务的供给机制、供给形式以及供给主体等方面探讨服务供给有效性。然而，无论是基于需求端的分析还是基于供给端的考察。现有研究更多的是聚焦长期照料服务本身，缺乏长期照料服务供给和需求相匹配的需求满足度的信息。因此，探讨失能老人长期照料贫困问题以及建构、优化长期照料服务保障体系，从而确保所有失能老人的照料服务需求都能得到满足，是理论界和全社会都应该关注和实践的命题。

本书以"中国失能老人的照料贫困问题"为研究主题，首先对贫困概念的演变进行了梳理，厘清了照料贫困概念的形成及其内涵，并在结合国外相关研究对照料贫困进行实证测量的基础上，构建了照料贫困理论分析框架。在此基础上，本书利用微观调查数据，区分照料贫困的程度，对失能老人的照料贫困状况进行了全面分析，系统总结了失能老人照料贫困的主要特征，并将照料贫困划分为经济约束型、市场约束型、人力约束型以及价值约束型四种类型，进而利用实证分析方法，考察了照料贫困的影响因素，并从多元主体出发分析了影响照料贫困的深层原因。同时，进一步利用生存分析方法和离散面板回归分析方法考察了照料贫困对失能老人死亡风险和自评健康的影响，证明照料贫困加速了失能老人的健康衰退进程，对其健康状况具有显著的负向影响。本书最后提出了解决失能老人照料贫困问题的理念转向与基本原则，构建了以解决照料贫困问题为导向的长期照料社会支持体系，并阐述了构建制度化的长期照料社会支持体系的具体政策建议。

需要说明的是，长期以来我国在建设养老服务软件和硬件设施过程中，往往存在自上而下的计划色彩，缺乏与需求满足相关的基础信息的收集，长期照料服务供给政策制定多是从供给端或需求端出发，很大程度上导致长期照料服务市场有效供给不足和利用率小于供给率的现象并存，使我国长期照料服务效果不佳。然而，针对失能老人不能只关注是否有人（或组织）提供了照料服务，更要从失能老人的主位视角出发，关注他们的照料需求是否得到了完全满足。也就是说，针对失能老人长期照料的政策理念和行动计划导向要从"以获得为基础"转向"以满足为基础"。从阿马蒂亚·森基于能力的发展观出发，当失能老人缺乏能力，不能将自己需要的服务转化为对个人有效用的"功能"或"权利"

时，需要通过公共政策来加强。本书认为现阶段发展社区居家养老服务的总体方向应是构建长期照料社会支持体系，从而补充家庭照料功能，提高居家失能老人的照料需求满足率，解决照料贫困问题，而非过于强调从量上去替代家庭照料。

"从获得到满足"的理念转向，对引导社会政策变革具有以下几点启示意义。首先，可以从失能老人照料需求满足视角出发，构建常态化的失能老人需求满足状况调查机制，从而识别社区中陷入照料贫困的风险人群，并及时将他们与公共资助的家庭支持政策和社区服务政策连接起来，从而提升公共资金和公共服务机构的"瞄准度"。通过聚焦社区居家养老服务的基本服务对象，突出重点，从而运用有限的资金、人力和物质资源为最有照料需求的失能老人提供照料服务援助。其次，不同照料贫困程度的区分为政策精准干预提供了指引。失能老人涵盖有人提供有效照料和无人提供有效照料的人，基于需求满足理念可以细分为照料需求得到满足组、部分照料贫困组和完全照料贫困组。这三组群体所对应的社会政策应该是显著不同的。社区居家养老服务对于他们所能发挥的作用也是有区别的。再次，可以从健康维护角度出发，更加重视失能老人的健康管理，提升他们的生命质量。对于功能丧失严重的失能老人，需要外界援助来代偿失能水平，如果代偿不足，则会增加失能老人的死亡风险，使健康状况进一步恶化。因此关注失能老人的照料需求满足状况，可以更好地预防失能老人陷入"功能损耗—照料贫困—健康恶化—需求加剧—照料贫困"的不良循环。这一点对失能老人本身和失能老人的主要照料者而言意义重大。最后，为政府相关公共政策效果评估和考核提供新的思路。区别于以往考核指标聚焦于社区养老服务机构数量、床位数、设施建设等硬指标，从需求满足理念出发，构造"照料贫困发生率"指标，可以为政府在社区居家养老服务体系建设绩效评估中提供新的选择。

目 录

第一章 人口老龄化与失能老人照料贫困问题 …………… 001
  一 研究缘起与意义 ………………………………………… 001
  二 失能老人长期照料服务研究的理论脉络 …………… 006
  三 核心概念界定 …………………………………………… 021
  四 研究目标与基本思路 …………………………………… 023
  五 数据来源与研究方法 …………………………………… 027

第二章 照料贫困的概念阐释、测量与理论分析 …………… 031
  一 照料贫困的概念阐释与测量 …………………………… 031
  二 照料贫困问题研究的理论基础 ………………………… 039
  三 照料贫困理论分析框架与应用 ………………………… 046
  小 结 ………………………………………………………… 050

第三章 失能老人照料贫困问题的现实表征及差异 ………… 051
  一 失能老人的基本特征及长期照料现状 ……………… 052
  二 失能老人照料贫困问题的现状及差异分析 ………… 060
  三 失能老人照料贫困的特征总结与类型划分 ………… 070
  小 结 ………………………………………………………… 076

第四章 失能老人照料贫困的影响因素分析 ………………… 078
  一 理论分析与变量定义 …………………………………… 078
  二 研究方法与实证分析策略 ……………………………… 086

三　影响失能老人照料贫困状况的多因素分析 …………… 088
小　结 ……………………………………………………… 099

第五章　失能老人照料贫困深层致因分析 ……………… 101
一　政府层面：长期照料服务的社会政策支持不足 ……… 102
二　市场层面：社会养老服务供需失衡与利用
　　不足问题并存 …………………………………………… 107
三　社区层面：社区缺乏开展长期照料服务的必要条件 … 112
四　家庭层面：家庭非正式支持式微，难以提供
　　充足有效的服务 ………………………………………… 116
小　结 ……………………………………………………… 120

第六章　照料贫困对失能老人健康后果的影响分析 …… 122
一　数据处理、研究方法与模型设定 ……………………… 122
二　理论分析、变量定义与实证分析策略 ………………… 128
三　照料贫困对失能老人死亡风险的影响 ………………… 134
四　照料贫困对失能老人自评健康的影响 ………………… 146
小　结 ……………………………………………………… 152

第七章　纾解失能老人照料贫困的政策建议 …………… 154
一　纾解失能老人照料贫困的理念转变与基本原则 ……… 154
二　以纾解失能老人照料贫困为导向的长期照料
　　社会支持体系构成 ……………………………………… 159
三　纾解失能老人照料贫困，构建长期照料社会支持
　　体系的政策优选 ………………………………………… 163
小　结 ……………………………………………………… 178

第八章　研究结论与讨论 …………………………………… 181
一　研究的基本结论 ………………………………………… 181

二　延伸性讨论 …………………………………………… 188
三　研究的创新性与局限性 ……………………………… 191

参考文献 ………………………………………………… 195

后　记 …………………………………………………… 210

第一章 人口老龄化与失能老人照料贫困问题

一 研究缘起与意义

(一) 研究缘起

21世纪初期以来,人口老龄化已经成为中国人口发展的新常态,快速推进的老龄社会使得中国失能人口随老年人,尤其是高龄老年人比重的增加而快速增长。中国老龄科学研究中心的调查数据显示,2010年我国完全失能和部分失能的老人规模约为3300万人,约占老年人口的19%(中国老龄科学研究中心课题组,2011)。国家老龄委员会发布的2016年《第四次中国城乡老年人生活状况抽样调查成果》数据显示,我国城乡部分失能和完全失能的老年人口数量达到4063万人,其中农村和城镇完全失能的老人分别达到829万人和411万人(庄旭荣、张丽萍,2016)。预计到2030年和2050年,我国的失能老人数量将分别达到6168万人和9750万人(总报告起草组,2015)。数量众多的失能老人群体,将给中国带来严峻的老年照料压力(彭希哲等,2017)。因为规模如此庞大的失能老人群体不仅意味着需要大量的资金保障,还意味着需要大量的(正式或非正式的)服务保障来维持其基本生活。然而,相较于较早进入人口老龄化社会的发达国家,我国是在经济发展尚未跻身中等发达国家行列时就迎来人口年龄结构的加速老化,老年照料负担急剧增长。在"未富先老"的国情下,由于与失能老人密切相关的长期照料服务保障制度尚未完全建立以及家庭照料功能严重弱化的"双重挤压",越来越多的失能老人面临照料需求得不到满足的风险,陷入照料贫困的状态。当前照料贫困问题已经袭扰中国社会,由于缺乏系统、全面、深入的研究,迄今未能被政府和学界深刻认识。

从理论上而言,针对失能老人长期照料服务的研究应该是一条基于服务过程的完整链条,而照料需求的满足状况则是服务链上的重要一环。国外研究实践表明,长期照料需求的满足状况对于残障或身体虚弱的老年人具有至关重要的意义,与老年人尤其是那些自我照顾能力缺失的老年人能否持续获取符合个人偏好的生活质量,尽可能地保证生活独立、自主、参与以及人格尊严息息相关。所以,关于失能老人长期照料需求满足状况的研究一直是国外学界关注的重点。国外研究认为当长期照料无效、缺失或者不足以满足个体需要时,就会出现"未满足"的需求,即出现照料贫困问题(Gibson & Verma, 2006; Williams et al., 1997)。与失能老人接受适当的长期照料相比,照料需求得不到满足,陷入照料贫困的失能老人会陷入生活质量下降的困境,因为照料贫困意味着更高的住院发生率、更大的心理压力、更高的死亡率以及更高的机构化概率(Allen & Mor, 1997; He & Craig, 2015; Zhen et al., 2015)。可见,在长期照料服务研究中,关注失能老人的照料贫困问题,在提高失能老人生活质量、降低不良健康风险方面具有重要的理论和现实意义。

从实践上而言,长期以来我国的社会养老服务建设具有一定的计划色彩,在收集与需求相关的基础信息方面的工作较为薄弱,缺乏为社会养老服务供给提供依据的研究。同时,对社会养老服务的对象定义太广,重点不明,过于偏重养老机构床位数量增加,忽视了究竟有多少失能老人具有长期照料服务的有效需求,一定程度上造成了资源错配和试错成本。国内现有研究多用老年人的慢性病患病率、失能老人的规模以及老年人的自评健康等间接指标来测量居家老年人的照料需求(景跃军、李元,2014;杜鹏等,2016)。但国外已有研究表明,患病抑或身体失能其实并非必然会提高老年人的社会照料服务需求。即使因失能使部分身体机能出现障碍，在其获得充足的非正式社会支持时，其实际的社会照料需求也不一定就会随之增长。只有家庭照料缺位或者不足时，才会寻求社会照料服务来补充。那么，基于上述指标为社会养老服务规划和供给提供参照，则可能会出现供大于求的局面。所以，国外认为"未满足"的需求发生率是测量老年人照料需求和社会养老服务使用的有效指标（Williams et al.，1997）。他们更倾向于充分了解失能老人的照料需求满足状况，使用"未满足"的需求来预测社会照料服务的使用和供给（曹杨，2017a）。换句话说，陷入照料贫困的居家失能老人才是社会养老服务的有效需求对象。

可见，照料贫困是一个重要的健康和服务需求测量指标，不仅可以用于衡量照料服务的可及性和需求率，同时也是不良健康后果的前兆。中国作为老年人口最多的发展中国家，相当数量失能老人的长期照料服务获得根植于传统的家庭养老保障体系，在获得充足的长期照料服务方面面临挑战。近年来，我国在社会养老服务领域进行了重大改革，如何因应失能老人快速增长所产生的长期照料服务需求满足问题已然成为我国养老服务发展的重点。然而，目前我国有关长期照料的文献主要集中在发达国家长期照料制度模式及经验介绍、相关主体的责任分担、长期照料服务需求与供给、社会养老服务体系完善及资源整合等宏观议题，而鲜有文献从微观层面去分析最具有服务需求的居家失能老人的长期照料服务需求满足状况究竟如何。即使偶有研究关注到这一问题，也并没有对照料贫困问题进行概念提炼和理论梳理，没有挖掘失能老人陷入照料贫困的影响因素和深层致因，更没有探究照料贫困对失能老人后续健康风险的影响（顾大男、柳玉芝，2008；黄匡时，2014；杨团，2016；丁志宏，2011）。

2016年1月国家发展改革委、民政部、中国残联联合下发的《"十三五"社会服务兜底工程实施方案》和2017年2月国务院发布的《"十三五"国家老龄事业发展和养老体系建设规划》（以下简称"十三五"养老规划）提出将健全养老服务体系，夯实社区居家养老服务基础地位，保障老人基本照料服务需求，为最有照料需求的老人提供服务,从而有效实现养老服务供给侧结构性改革。那么,政府将在提高公共服务资金和公共服务机构的"瞄准度",从需求最高但是服务获取能力最弱的老年群体入手,利用有限的照料资源保障老年人基本照料服务需求上面临重大的挑战。所以,当前对居家失能老人的照料需求满足状况进行充分评估,厘清其照料需求满足程度及差异,识别照料贫困人群,将对实现社区居家养老服务有效规划和供给具有重要的指引作用。

那么,当前我国居家失能老人的照料需求满足程度究竟如何?不同特征居家失能老人群体之间照料贫困的发生存在什么差异?是什么因素和原因导致居家失能老人陷入照料贫困?照料贫困是否会对失能老人的健康状况产生负向影响?同时,我国城乡在社会经济发展上存在巨大差异,社会福利制度建设存在事实上的福利分层的现实背景下,城乡失能老人在长期照料需求满足方面是否存在客观差异?厘清这些问题可以为构建适合我国国情的长期照料服务保障体系,提高公共资金和公共机构服务的"瞄准度",从而运用有限的资金、人力和物质资源为最有照料需求的老人提供服务,纾解照料贫困,进而为有效实现养老服务的供给侧结构性改革提供基础信息和政策建议。同时,也可以为将照料贫困发生率指标纳入政策效果评估指标体系提供理论依据。因此,本研究将从居家失能老人[①]的主体地位出发,从照料需求满足的视角切入,引入"照料贫困"的概念,构建照料贫困理论分析框架,考察居家失能老人照料贫困的现实表征,探究造成照料贫困的影响因素,同时进一步运用纵向追踪数据验证照料贫困对失能老人健康后果的影响。

---

① 本书的研究对象是居家失能老人,之所以没有考虑居住在养老院的失能老人,是因为机构照料一般都会提供正规化、持续性的照料服务,入住机构的失能老人基本能够得到全面的照料服务,一般不会陷入照料贫困的境况。数据显示,2014年,仅有7%的失能老人通过养老院获得照料服务。基于现实判断和西方"就地老化"的发展经验,在当前和今后很长一段时间内,绝大部分失能老人主要的照料方式依然会是通过居住在家中获得长期照料服务。

(二) 研究意义

1. 理论意义

第一，有利于拓展长期照料研究的理论视角，进一步丰富该领域的研究内容。长期照料服务因其专业性、持续性、连续性和复合性等属性而不同于一般性服务（裴晓梅、房莉杰，2010），失能老人获得了服务并不代表其照料服务需求就得到了满足，即长期照料服务不能停留在"仅仅是获得"的层面，还要深入通过质量监控等手段确保失能老人的长期照料服务走向"满足"的层面（Gibson & Verma, 2006）。同时，考察长期照料服务需求问题，如果仅仅研究老人照料需求的具体内容、影响服务需求的因素，那么尚不够细致和深入。对于失能老人，只有在他人的照顾、支持和帮助下才能代偿失能水平。如果代偿不足，则可能进一步降低老年人的生活质量、恶化健康状况。但是，当前国内鲜有学者从需求满足的视角去系统研究长期照料服务问题。本书从被照料者的主体地位出发，通过引入"照料贫困"概念，考察失能老人的照料贫困问题，有助于拓展长期照料服务研究的理论视角，丰富研究内容。

第二，有助于深化理解照料贫困产生的内在机理。鉴于照料服务如果不能满足失能老人的需求可能引发的严重后果，深入探究照料贫困产生的深层原因具有重要的意义。当前相关研究多是一般意义上的描述性研究，缺乏深入的解释性研究，并没有有效地揭示背后的深层次机理。本研究期望利用多个来源地数据进行实证分析，考察失能老人陷入照料贫困的影响因素和发生机理。

第三，有助于推进学科交叉和融合研究的深度。老年长期照料是社会学、人口学和社会保障学等学科交叉研究的重要内容。国外从流行病学、社会医学等学科角度对老年长期照料需求长期得不到满足的健康后果进行了比较深入的研究，探究了照料贫困对老年人后续的肌体健康、医疗服务利用以及死亡风险等多方面的影响，而国内鲜有文献对这些问题进行探讨。本研究从人口学视角出发，利用人口学的生存分析方法，结合中国的纵向追踪数据，验证照料贫困对失能老人后续健康风险的影响。这将有助于进一步推进我国人口学、社会保障学、流行病学等学科交叉研究的深度。

2. 现实意义

第一，有利于为社区居家养老服务建设提供基础信息和政策依据，优化养老服务资源配置。我国构建养老服务体系的宗旨是提高所有老年人的生活质量，但是受制于老年人数量庞大、经济发展水平仍然较低、城乡发展差异较大、养老服务基础设施刚刚起步等实际情况，分步推进，重点优先解决照料贫困高风险人群的长期照料服务保障，是确保养老服务体系顺利建设以及可持续发展的关键。本研究将立足于中国长期照料的制度化尚未形成，家庭照料面临供给不足，机构照料出现供给错位的实际，测量失能老人照料贫困的比例和程度，识别他们的基本特征和差异，聚焦社区居家养老服务的基本保障对象，有效把握服务供给量，从而为资源合理配置提供基础信息。

第二，为社会养老服务体系建设绩效评估提供新的指标。长期以来，我国老年服务的考核指标聚焦于养老服务机构床位数的增加、养老机构和硬件设施的建设，而忽略了对失能老人而言意义重大的软性服务供给效能。本研究通过探析失能老人照料资源的分布情况，可以清晰地了解这一群体的生存境遇和服务利用状况；同时，通过测量他们长期照料需求的满足程度，构造并引入"照料贫困发生率"指标，可以为今后社会养老服务体系建设的绩效评估在指标选取方面提供新的、有效的选择。

二 失能老人长期照料服务研究的理论脉络

失能老人群体由于生理机能退化、社会经济地位下降以及社会角色转变，往往是一个国家或地区中的"健康脆弱"群体。在失能老人规模快速扩大的情况下，如何有效保障其长期照料服务，是我国实施积极应对人口老龄化国家战略面临的重大挑战。通过对近十年的文献梳理，可以发现国内对长期照料服务的研究历史并不长,研究对象聚焦一般老年人的较多,对失能老人的关注较少;研究内容多集中在国外经验介绍、照料模式、照料服务需求与供给等描述性研究;也有学者在国内照料现状和国外经验的基础上,针对构建中国老年人长期照料服务体系展开了探索性研究。西方发达国家由于较早进入老龄化社会,关于失能老人长期照料服务链条上的各个环节都有深入系统的研究。当前,我国尚未形成专门的失能老人长期照料服务保障制度,对失能老人长期照料需求满足环节的研究比较薄弱。围绕本书的研究主题和需要,本部分将从四个方面进行文献梳理:一是老龄化背景下失能老人与长期照料服务的关系研究;二是关于失能老人照料服务需求与供给问题的研究;三是关于失能老人长期照料服务需求满足状况的研究;四是关于失能老人照料贫困的健康后果研究。此外,需要特别指出的是由于照料贫困概念是作者从分析少儿照料需求满足问题借鉴而来,国外大部分文献关于失能老人照料需求问题多用"未满足"的需求(unmet need)概念,故而关于本部分的综述有些文献直接围绕"未满足"的需求展开。当然,本研究引入的照料贫困的概念内涵与"未满足"的需求具有内在一致性,只是本书意欲结合中国的情况,利用照料贫困的概念框架来探究照料需求满足问题。

(一)老龄化背景下失能老人与长期照料服务的关系研究

1. 关于失能老人的照料依赖与服务方式选择研究

对人口老龄化的流行病学特征进行研究,发现老年残障人口的大量出现是人口老龄化的新挑战之一。在对美国、日本、英国等国家的人口老龄化进行研究之后,发现社会支持及充足的照料服务是人口残障化的题中之义。老龄化的流行病学特点在于年龄相关性的失能风险过高、社会支持压力过大。Freedman 等(2002)基于对美国相关文献的研究发现不同年龄段人口的残障趋势呈现不同特点,失能老人的比重在不断增长,10 年间失能老人的日常生活自理能力(ADL)得到一定程度的改善,但是这种改善对长期医疗照料的需求较大。而住院护理与失能老人日常生活自理能力的自我评价比较相关，有住院护理经历的失能老人生活照料依赖性比无住院护理经历的失能老人有所增强。有研究者基于对从医疗机构流失回家的失能老人的研究发现：鉴于经费问题，卫生医疗部门制订了鼓励失能老人"回归家庭康复计划"，让家庭成员更多地承担本应由医务人员执行的照料工作（张金锋，2012）。

失能老人的照料依赖可以通过不同的照料服务方式进行应对。大部分研究基于传统和国际惯例，将老年人的照料形式划分为两大类：社会照料（正式照料）和家庭照料（非正式照料）。前者包括基于社区的居家照料、基于社区的家庭外照料、机构照料等形式，由签订合同的人提供服务。其中，基于社区的照料一般由照料人员提供上门服务和日托服务，也称为居家照料；机构照料为老年人提供集中居住的照料服务，表现为养老院、护理院等形式。非正式照料则是由配偶、成年子女或其他亲戚、朋友、邻居等与被服务者已经存在某种社会关系的人提供的非支付性、无组织的家庭照料（刘柏惠、寇恩惠，2015）。就长期照料方式选择而言，国外研究认为不同的社会经济文化背景下选择结果不尽相同，并提出了三种观点。一是受经济发展水平影响。Wallace 和 Campbell（1994）通过比较拉丁裔美国老年人和白人的长期照料需求，发现较差的工作环境和较低的工作收入导致拉丁裔美国老年人具有更高的残障风险，从而具有更高的长期照料需求。同时，不同社区的照料资源分布存在非均衡性，社会经济地位的差异导致拉丁裔老年人在获取社区资源方面存在明显被排斥现象，和白人相比他们难以获得社区长期照料资源。二是受家庭结构和养老功能影响。Mitchell 和 Register（1984）研究发现非裔和拉丁裔美国老年人家庭人力资源比较丰富，多代联合的家庭结构安排使得老年人在失能需要照料时更容易得到来自家庭成员的帮助。而相比白人较小的家庭规模，老年人比较偏好独立居住的安排使得他们更倾向于获得来自机构的正式照料。有研究认为，除非健康状况不堪重负，否则配偶通常不愿意使用正式照料服务，而成年子女因面对照料自己子女及失能父母的双重压力，较倾向于使用正式照料服务来缓解照顾压力（孙祺宇，2017）。三是受一个国家或地区的传统文化和政府制度安排的无形影响。有研究发现欧洲一些国家的老年人在选择长期照料服务方式时，很大程度上受到政府福利安排的制约（Pfau-Effinger，2005）。在东亚地区，由于受到传统儒家思想和孝文化的影响，形成一种交换式的平衡，家庭非正式照料往往是满足高龄或失能老人照料需求的基本途径。同时，这种孝文化体系也进一步影响了政府在制定与老年人照料服务相关制度时的决策（周太彤，2006）。同样，政府现金津贴和实物福利的不同组合也会影响被照料者对不同服务方式的选择。奥地利的长期照料公共开支中有60%用于现金津贴，40%用于购买机构照料服务向有需求者提供实物福利，而现金津贴提高了照料服务选择的自由度（张盈华，2015）。

国内学者围绕失能老人的照料依赖及照料方式选择也进行了诸多研究，并着重考察了家庭养老资源和自身社会经济地位等因素对失能老人照料模式选择的影响。儿子数量多、与父母的居住距离近对老年人选择机构照料方式具有一定的阻碍作用（姜向群、刘妮娜，2014；鄢盛明等，2001）。支付能力是影响城乡老年人照料方式决策的最主要因素，经济状况越好的老年人选择机构照料的可能性越大（刘柏惠等，2012）。肖云的研究发现居家照护是失能老人照料服务方式的首选，家庭成员的状况以及个体的年龄、文化程度和收入水平对照料服务方式的选择有比较重要的影响，社会应根据需求的多样化为失能老人提供不同层次的照料服务（肖云，2017）。

2. 关于正式照料和非正式照料关系的探析

为寻求正式照料和非正式照料的最优组合，国内外围绕正式照料和非正式照料的关系进行了大量研究。但是，由于不同国家的文化、制度和观念各具差异，正式照料和非正式照料发挥的作用也有很大不同，所以二者之间究竟具有何种性质的关系学界尚无定论。目前主要有三种论点。替代关系论认为在照料体系中，正式照料的介入会削弱和逐渐取代非正式照料。部分研究发现政府公共部门在长期照料服务方面的投入会增加正式照料服务的使用量，从而导致非正式照料使用量降低，特别是在低收入群体中这种替代效应会更加明显（刘柏惠、寇恩惠，2015b；Stabile et al.，2006）。互补关系论则认为，正式照料能够通过为非正式照料者提供帮助或支持，与非正式照料相互补充，共同营造良好的照料体系。有研究者通过对高龄重度失能老人的研究发现，家庭非正式照料和正式照料的互补效应更加明显（Davey et al.，2005）。没有直接关系论认为正式照料和非正式照料之间的关系难以界定，正式照料的增加并没有显著影响非正式照料的供给。Motel-Klingebiel 等（2005）利用西班牙、挪威以及英国等国家的数据，发现正式照料服务的增加并没有有效减少家庭非正式照料的供给。

（二）关于失能老人长期照料服务需求与供给问题的研究

1. 关于失能老人长期照料服务需求及影响因素的研究

国内外关于长期照料服务的需求问题进行了比较多的研究，如何确保需求与供给的匹配是长期照料服务制度长效发展的题中之义。长期照料服务需求的研究主要涉及需求的规模、内容及影响因素等议题。从研究视角的差异来看，基于社会保障学科开展的研究主要围绕日常生活照料等养老服务需求，而基于医学卫生等学科的研究则主要涉及医疗服务、健康管理和疾病控制等健康问题。

首先，关于长期照料服务需求规模的研究。西方发达国家长期照料服务需求旺盛，经济合作与发展组织数据显示，65 岁以上老人中有 15% 需要部分或完全的长期照料服务，75 岁以上老人中这一比例上升至 20%。多数国家长期照护费用支出规模较大，基本占国内生产总值的 0.5%~1.6%。有数据表明，美国有大约 1/4 的居家老年人需要长期照料，每周需要照料的时间达到 18 小时（Heath，2002）。中国随着人口预期寿命延长，不能自理老年人比例持续增加，需要长期照料的群体规模不断扩大，尤其是 2030 年以后老年人照料需求的增长速度要快于老年人口的增长速度（王乐芝、曾水英，2015；陈友华、徐愫，2011）。胡宏伟等运用马尔科夫链估算老年健康状态转换概率，结合人口预测结果，发现未来失能老人规模会不断扩大,随着护理成本的不断攀升,其照料需求和照料成本也会水涨船高,2014~2050年老年照料潜在需求将从0.31万亿元增加到4.27万亿元(胡宏伟等,2015)。从微观成本来看,沙莎、周蕾使用多状态生命表的方法测算了城乡失能老人余生照料成本,中方案下城镇失能老人照料总成本约为4.65万元,农村约为5.96万元。城镇失能老人照料成本主要体现在机会成本上,而农村失能老人的照料负担体现在日常照料费用上(沙莎、周蕾,2017)。

其次,关于长期照料服务需求内容的研究。在需求规模扩大的同时,老年人的需求内容亦逐渐多元化。诸多研究表明,失能老人除了基本的日常生活照料服务需求外,对家政服务、文化娱乐、医疗保健、社会参与、财务管理、临终关怀等服务的需求也在不断增加。Kemper研究发现20%的老年人需要理财、外出、做饭等工具性援助,而专业的医疗康复服务和临终关怀服务也逐渐受到青睐(Kemper,2003)。Moroney等认为日常性服务和情感性支持构成了老年人长期照料服务的主要内容,前者是指为老年人送餐、家居清洁和医疗护理等,后者是指要注重老年人的心理疏解和社会交往等方面(Moroney et al.,1988)。张国平发现农村老年人居家养老服务的需求内容主要包括医疗服务(83.9%)、家政服务(46.1%)、文娱服务(58.1%)等(张国平,2014)。孙建娥、王慧发现城市失能老人的照料服务需求主要集中在医疗康复(89%)、文娱活动(25%)以及临终关怀(59%)等方面(孙建娥、王慧,2013)。

最后,关于长期照料服务需求影响因素的研究。诸多研究表明,影响失能老人长期照料服务需求的因素大概包括四个维度:一是人口学特征,诸如性别、年龄、婚姻状况等;二是经济方面的因素,如照料服务价格、相关替代品价格以及社会经济地位等;三是家庭养老资源,如子女数量、家庭收入、照料者的意愿等;四是政策因素,如共付率、服务设施建设等。Kane等指出健康状况恶化及年龄递增是老年人需求或依赖程度提高的重要指标(Kane,1989;尹尚菁、杜鹏,2012)。社会经济地位是长期照料需求的重要影响因子,受教育程度可能影响老年人对服务使用的态度或对服务可获得性的了解程度,受教育程度越高的老年人接受机构照料的可能性越大(陈欣欣、董晓媛,2011)。黄枫、吴纯杰认为85岁以下的中低龄老人照料需求随年龄增长而增加,85岁及以上高龄老人年龄越大,照料需求越少,照料需求与年龄因子不存在线性关系(黄枫、吴纯杰,2012)。黄俊辉等研究发现年龄、收入、慢性病数量、居住状况对社会养老服务需求意愿具有显著正向影响(黄俊辉等,2015)。

2. 关于失能老人长期照料服务供给现状和问题的论述

首先,长期照料服务供给现状及特点。其一,非正式照料在照料服务供给中占主导地位。无论在发达国家还是发展中国家,无论城市还是农村,非正式照料都是最为普遍的照料形式。国外一项对居家人员的调查发现,在英国、美国、德国、澳大利亚、芬兰等国家,绝大多数主要照料者是家庭成员。只有在丹麦,家庭护理工作者是照顾者的主要来源(María Galofré Olcin,1996)。我国由于受传统儒家孝文化的影响,在大多数家庭中,子女是高龄老年父母日常照料的主要提供者(王树新,2004)。同时,多个子女的存在提高了老年人日常生活照料资源的选择性(张文娟、李树茁,2005)。陈璐等通过对2010年全国第三次老年人口状况跟踪调查的数据进行分析,发现在有照料需求的老年人中,仍然有84.3%的人依赖家庭成员提供照顾,入住养老机构的比例仅为0.8%(陈璐等,2016)。此外,相对于城市,农村地区提供的正式照料服务较为有限,这意味着服务可及性是农村老年人服务使用障碍的主要因素之一(Spitze & Logan,1989)。农村老年人与城市老年人相比,照料方式比较单一,正式照料资源对社区残障老年人的健康和支持性服务是稀缺的,导致其对亲情照料的依赖程度更深(石人炳,2012)。其二,女性是非正式照料的主要力量。在非正式照料和正式照料中,女性照料者都是最主要的照料者。女儿是主要照料者的可能性是儿子的两倍(Brodsky et al.,2003)。在日本,如果可能的话,大多数失能老人和他们的儿子住在一起,因为照顾老年人是儿媳妇的传统责任(Campbell,2000)。在我国,女性亦是提供家庭照料的主体，在城市，女儿甚至成为比儿子更为重要的家庭照料资源（陈欣欣、董晓媛，2011）。其三，居家社区照料是导向和趋势。陈雪萍指出居家社区照料相比机构照料具有优势，主要包括：居家社区照料对老年人的身心健康更加有利，相比之下，入住照料机构的老人则缺乏家庭情感支持；同时，令老人放弃熟悉的生活环境而投身陌生的机构化环境中，老人的不安全感会增加；发展长期照料中秉持"就地老化"的理念也逐渐取得共识（陈雪萍，2011；唐咏，2012）。从发达国家的发展历程来看，引导失能老人选择社区居家照料成为很多国家出台长期照料政策时的优先选项。如瑞典政府通过建立失能老人专用的居住场所，并配备专业居家照料团队为其提供服务，从而满足失能老人实现社区照料的偏好。这样不仅拉长了失能老人在熟悉环境中生活的时间，而且降低了其对机构照料的需求（李杰，2017）。

其次，长期照料服务供给中存在的问题。其一，非正式照料服务供给功能不断弱化。我国工业化和城市化带来的人口迁移流动导致越来越多成年子女与老年人分住两地，代际的空间隔离使老年父母获得子女照料的可能性降低，及时性变差（石人炳，2008）。正如陈璐、范红丽所言，尽管让老年人居住在家中获取照料服务是政府的政策导向，但是我国在长期计划生育政策约束以及人口城镇化进程快速推进的影响下，传统的家庭慢慢丧失了提供照料的人力基础（陈璐、范红丽，2014）。此外，由于传统孝文化对人们影响力的弱化，由家庭成员提供的"亲情模式"老年照料也被侵蚀（石人炳、宋涛，2013）。其二，正式照料服务发展不足。社会照料服务供给总量不足，发育迟缓，难以满足老年人的照料需求（俞卫、刘柏惠，2012）。从人员供给来看，照料人员供给短缺。黄匡时通过预测未来养老服务照料人员供给情况发现未来从业人员和专业护理人员缺口不断扩大，养老照料从业人员缺口从2013年的每年10万人增长到2050年的236万人，专业护理人员缺口则由每年2万人增长到15万人（黄匡时，2013；唐敏、周淼，2016）。从第三方力量发展来看，来自社会力量的养老机构、各级政府、志愿者在老年照料中的作用微乎其微，尤其是志愿者的发展在我国仍然薄弱，在全社会缺乏长期而稳定的志愿服务氛围（杜鹏、王红丽，2014）。从市场参与来看，目前市场缺乏提供照料服务的有效动力，我国老年人照料服务市场化、社会化程度较低，城市照料市场发育还很不完善，农村的照料市场更是刚刚起步，企业在老年人长期照料服务中的参与度并不高（朱浩，2017）。其三，城乡正式照料服务发展尚不均衡，农村社会照料服务发展相对比较滞后。在城市地区，社会照料已经成为补充家庭照料的重要力量，1/5的老人报告在日常活动中遇到困难时能够获得社会照料支持（陈欣欣、董晓媛，2011）。而在农村，社会照料力量几乎空白。农村托老所、日间照料中心、养老院等社会照料资源供给匮乏（杜鹏、王红丽，2014；杜鹏等，2016）。农村基本养老服务体系建设远远滞后于服务需求，服务可及性较差。农村的"市场模式"有待培育，老年人的消费观念和有效需求不足，家政服务尚未起步，加之购买力的制约，"市场模式"的照料对于农村老年人来说可得性和可及性都极弱，所以在农村老年照料中基本没有发挥作用。"志愿者模式"在农村则更为有限（石人炳，2012）。

（三）关于失能老人长期照料需求满足状况的研究

1. 失能老人长期照料需求满足现状的研究

国外对失能老人照料需求满足状况的研究成果比较丰富，并形成了一套完整的测量指标，其秉持的理念是老年人长期照料服务"不仅仅是获得"，而是要"从获得走向满足"（Gibson & Verma, 2006）。当然，在发达国家，依然有很多失能老人自报有"未满足"的照料需求。早在1984年，Manton就利用美国长期照料调查数据，通过6项ADL条目对未满足的需求进行评估，设定如果其中一项需求没有得到满足就面临未满足的需求，发现约有35%的功能障碍老人的照料需求没有得到满足（Manton, 1989）。Alonso和Orfila的研究揭示美国有10%~25%的老年人的照料需求没有得到满足（Alonso & Orfila, 1997）。在加拿大，所有老年人中，未满足的需求从1994~1995年的4%提高到1998~1999年的6%，再到 2000~2001 年的 13%（Chen et al., 2002）。在英国，居家照料服务已经成为辅助老年人独立生活的重要组成部分，但是僵化的配送方式、不稳定的服务质量和服务队伍，也难以完全满足失能老人对居家照料服务的需求（王裔艳，2016）。从群体差异来看，身体患有重度残障的老年人是照料需求未满足比例最高的群体，超过 52.7% 的具有 5~6 项基本生活自理能力限制的重度残疾老年人具有未满足的基本生理照料需求。而在不同人口特征下，16% 的独居者报告他们的照料需求没有得到满足，未婚者的未满足的照料需求也比较高（Williams et al., 1997）。一项针对印度北部的研究成果评估了农村残疾老人未满足的需求，并识别了造成未满足需求的预测因子，发现近 1/3 的残疾老人存在未满足的需求（Singh et al., 2016）。

国内也有学者关注老年照料需求满足问题，但整体研究较少，研究方法以宏观分析和描述性分析为主。何文炯（2015）认为老年照护服务是当前老年保障体系中最为薄弱的部分，存在资源不足且配置不合理的现状，照护服务资源的供给跟不上需求的增长，难以有效满足老人的照料需求。Gu 和 Vlosky 根据 2005 年中国的全国调查数据，发现中国老年人无法获得长期照料的比例约为 60%，男性（61%）和农村地区（66%）的比例略高于平均水平（Gu & Vlosky, 2008）。边恕等认为当前养老服务供需领域存在不对称的问题，养老服务效果不佳，水平不高，难以满足老年人的多层次需求（边恕等，2016）。孙鹃娟和冀云研究发现我国有 7.66% 的老年人需要外界在生活起居上予以照料，其中有 94.96% 的老年人获得了照料，但是仍有 5.04% 的老年人有照料需求却无人提供照料（孙鹃娟、冀云，2017）。石人炳在湖北省部分地区的一项调查显示，许多农村老年人的照料需求无法完全通过他人提供得到满足，缺乏稳定照料者的农村失能老人比例高达 13% 以上，约三成农村老年人担心将来"无人照料"（石人炳，2012）。

此外，我国学者杨团最早引入"照料贫困"概念来归纳农村失能老人的照料困境，她指出由于家庭、敬老院和村委会都不具备满足农村失能老人照料需求的能力，许多农村老人陷入照料贫困，这其中不仅包括贫困老人，甚至也包括经济较为宽裕的老人（杨团，2016）。但是，该文仅仅引入了照料贫困概念，并未进一步进行概念总结和理论探讨。也有个别研究引入了未满足的需求概念，考察中国失能老人照料需求的满足情况。如曹杨考察了中国失能老人未满足的照料需求，分析了未满足需求老人的特征差异，认为居家失能老人中有54%的人的照料需求没有得到满足（曹杨，2017b）。

2. 失能老人照料贫困的影响因素研究

国外针对失能老人照料需求满足程度的影响因素进行了大量研究，这些影响因素是识别陷入照料贫困的重要预测因子。综合各类文献，发现失能老人照料需求未满足的影响因素主要体现在八个方面：一是个体的人口学因素，如年龄、受教育程度、是否有伴侣等；二是居住方式；三是收入水平；四是健康水平；五是照料提供者的因素；六是选择的照料方式；七是可用的正式和非正式照料资源；八是政府福利支出。Tennstedt等研究发现低受教育程度、低收入、没有婚姻伴侣、独居、ADL失能程度、认知能力，以及拥有较少的正式或非正式资源等因素都与长期照料（LTC）需求未满足有关（Tennstedt et al.，1994）。Ashokkumar等通过对305位60岁以上失能老人的研究发现，独自居住、70岁以上、单身、经济上完全依赖他人、失能水平更高以及更高的慢性病发病率等因素是未满足的需求的重要预测因子（Ashokkumar et al.，2012）。Komisar等在针对美国六个州的社区调查中发现，尽管未满足的长期照料需求比较普遍，但是如果一个州中使用带薪家庭护理的人越多，那么存在未满足的需求的可能性就越小（Komisar et al.，2005）。Desai等根据美国国家健康调查数据发现，有1个或更多未满足的需求的可能性与家庭收入较低、多重ADL困难和独自生活有关（Desai et al.，2001）。还有研究分别利用6820例老年人和家庭护理人员的代表性样本数据，采用分层线性模型对个体和区域因素进行识别，研究了残疾老人未满足的ADL需求和相关影响因素，发现受教育水平、生活安排、慢性病数量、IADL数量限制、照顾者的年龄、照顾者的耐心情况、家庭医疗负担、福利费用与服务利用之间的相互作用等显著影响失能老人的需求满足状况。研究还发现，社会福利支出通过提供服务来调节未满足的需求，这意味着社会福利服务的积极效应不容忽视（Liu et al.，2012）。此外，Bien 等通过调查 6 个欧洲国家的老年人和他们未满足的护理需求的范围，分析不同国家老年人的服务使用与未满足的护理需求之间的关系，发现不同国家使用不同服务的数量和不同地区的未满足的护理需求的数量之间存在消极的关系。在社会养老服务使用率比较低的欧洲国家，老年人中具有未满足的照料需求的比例尤其高（Bien et al.，2013）。

国内学者目前对失能老人未满足的长期照料需求影响因素的研究较少，仅有为数不多的学者关注了这一问题。黄匡时曾对高龄老人的照料需求满足状况进行了研究，发现性别、年龄、婚姻状况、居住方式、家庭规模和老年人收入、失能程度对日常生活照料满足度并无显著影响，而照料者的照料表现对老年人照料满足度有显著影响（黄匡时，2014）。在收入水平和居住方式的影响方向上出现了分歧，彭荣的研究发现较高的家庭人均收入和老年人个人收入水平以及与家人同住更容易获得充足的长期照护服务。经济能力强的老年人显然更容易获得更好的照料（彭荣，2012）。丁志宏对高龄老人的照料满足感进行了分析，发现高龄老人照料资源主要来自家庭内部，高龄老人的受教育程度、居住地、健康水平和经济状况都对其照料需求满足状况具有显著影响（丁志宏，2011）。孟娣娟等针对南京市某社区的调查发现老年人 IADL 需求未满足的发生率高于 ADL 需求未满足的发生率，老年人的经济状况、自评健康状况以及居住方式对未满足的需求发生率有着显著影响（孟娣娟等，2017）。

（四）关于失能老人照料贫困的健康后果研究

照料贫困不仅对个人的生活质量，而且对公共政策也有重要的影响。西方的研究表明，长期照料需求未满足或未充分满足会增加不良健康和消极事件的风险，如急诊室的利用、住院、机构化和发病率（Gaugler et al.，2005；Long et al.，2005）。所以，国外对长期照料需求未满足可能导致的健康后果进行了诸多研究。而国内目前对这一问题的研究则处于初期阶段，尽管也有研究意识到这一问题的重要性，但是并没有进一步探究中国失能老人长期照料需求未满足可能引致的健康后果（曹杨，2017b；孟娣娟等，2017）。通过进一步的文献梳理发现国外针对长期照料需求未满足所带来的健康后果的研究主要集中在老年病学、流行病学、社会医学、护理学等学科。照料贫困带来的健康后果主要集中在以下几个方面：一是照料贫困对失能老人身体健康和生活质量的影响；二是照料贫困对失能老人死亡风险的影响。

1. 照料贫困对失能老人身体健康和生活质量的影响

国外关于未满足的需求的研究发端于对失能的评估，对失能的评估经由单纯的疾病诊断模型向功能障碍模型转变。而功能障碍模型则进一步细化了慢性病和自理能力丧失的关系，明确在器官损坏与自理能力丧失之间功能障碍的中介作用，而失能所需的照顾服务需求如果长期得不到满足，那么疾病发生率将从10.2%向20.1%转移（Desai et al.，2001）。有研究者利用1994年、1999年和2004年三期美国国家长期照料追踪调查数据研究发现，在调整了人口、健康和功能特征后，未满足的ADL需求与再入院的风险增加显著相关。那些从医院回家后报告有未满足的新ADL需求的残疾老人特别容易再次回到医院，因此病人出院后的功能性需求应仔细评估和处理（Depalma et al.，2013）。同时，对于那些生活照料需求没有得到满足的残障老人来说，会对他们的生活产生一系列的负面影响，如需要急性护理的比例更高、增加卫生服务使用、提高入住养老机构概率等。失能老人如果得不到长期照料援助则意味着更高的住院率，所以各州政府必须制订解决方案以照顾老人，并且要意识到老人在得不到ADL援助情况下日常生活中所面临的健康后果（Sands et al.，2006）。日常生活中功能受限的老人没有得到援助，可能会导致更多的事故和摔伤，他们的营养状况会进一步恶化。已经有研究表明，将近一半在日常生活中需求未得到满足的失能老人可能面临有害的后果，例如，不能顺利地洗澡和吃东西的时候容易烫伤（Gaugler et al.，2005）。与满足需求的人相比,未满足需求的老年人在五项基本日常生活项目中每周缺少至少16.6个小时的帮助。独居的需求未得到满足的人比那些与他人共同生活的需求未得到满足的人的情况要差得多,并且这两个群体比那些需求得到满足的人更容易遭受身体不适、体重减轻、脱水、跌倒、烫伤和较低的满意度等不良后果(Laplante et al.,2004)。同时,他们无法管理自己的健康、无法应对疾病的发作,他们的功能条件会逐渐恶化,进而导致生活质量大大下降(Komisar et al.,2005)。

2. 照料贫困对失能老人死亡风险的影响

有研究者利用美国国家长期护理追踪调查数据研究了未满足的需求与未来1年死亡率的关系,发现未满足的照料需求与未来残疾水平有明显的相互作用。在有1、2、3、4、5项基本生理自理能力丧失的老年人中未来一年的死亡率分别为8.7%、10.6%、11.4%、19.2%、27.3%,事后分析显示,未满足的ADL需求与死亡率增加的风险相关联(He & Craig,2015)。Gaugler等使用18个月的纵向追踪数据,运用Cox比例风险模型研究发现残障老人未满足的照料需求预示着更高的入住养老院概率和死亡风险(Gaugler et al.,2005)。还有研究进一步探讨了未满足的长期照料需求与未来健康后果之间的关系,发现失能老人长期照料未满足的需求会显著增加死亡风险(Alonso & Orfila,1997;Manton,1988)。目前针对照料贫困与死亡率之间关系的探讨多集中在西方国家研究中,国内很少有研究深入考察这一关系。

(五)研究述评与启示

通过对国内外相关文献进行梳理,发现国外对长期照料问题进行了深入系统的研究。随着人口老龄化的加剧,失能老人长期照料服务问题也引起了国内学界的重视和探讨。这些文献对于老年长期照料服务制度发展走向做了十分有益的探索,尤其是对长期照料服务需求满足问题的研究颇具启示意义。但是,总体来看,国内目前关于失能老人长期照料服务有些内容的研究依然比较薄弱,这也是下一步需要深入研究的问题。

第一，对失能老人的长期照料需求满足状况重视不够，鲜有研究关注失能老人的照料贫困问题。失能老人长期照料服务链条上主要包括三个端口："供给端"、"需求端"以及"需求满足端"。当前学界的研究则主要围绕失能老人照料服务的供给端和需求端展开，着重考察了长期照料的需求内容和服务供给，却忽视了服务保障的软性供给效能。当然，这与长期以来政府老龄政策重视供给的导向有关，而国外在这方面的基本理念是长期照料服务不应仅停留在"获得"层面，更要通过有效的服务供给确保需求得到"满足"，并运用"未满足"的需求指标来衡量需求满足状况。照料贫困是老人经济贫困之外新的服务方面的贫困，关乎失能老人生命质量和照料权利的实现。新时代下失能老人的照料贫困问题理应得到进一步重视和关照。

第二，对失能老人照料贫困的健康后果重视不够，鲜有研究基于多学科交叉考察照料贫困对失能老人健康风险以及晚年健康衰退过程的影响，忽视了照料服务满足对失能老人的健康风险干预功能。国外针对未满足的照料需求的研究往往将人口学、老年学和流行病学、社会医学结合起来，不仅关注未满足的照料需求的现实表征和影响因素，更进一步从健康的角度，基于医疗服务利用、生活质量、死亡风险等维度探究照料需求未满足对老年人健康风险的影响。而国内由于对长期照料问题的整体研究尚不够系统和深入，缺少同流行病学等健康学科的交叉研究。诸多研究停留在失能老人长期照料服务供需矛盾突出，需求得不到满足的基本判断和描述上。抑或说当前鲜有研究基于失能老人的主体地位从需求满足端出发，将长期照料服务需求满足状况作为解释变量，直接关注长期照料未满足的需求是如何影响失能老人健康衰退过程的。

第三，从研究数据和方法来看，相关研究多使用截面数据，较少使用纵向追踪数据，偏重描述分析，缺少模型分析和解释分析。如果单纯考察照料贫困的基本现状和影响因素，使用截面数据就可以满足研究需要。但是，涉及健康后果的研究方面，则需要利用纵向追踪调查数据。当前，国内开展的几项相关研究在广度和深度上相对有限，要么是利用地区调查数据对未满足的照料需求进行描述分析，要么是利用回归分析考察照料需求满足程度的影响因素，鲜有研究综合利用截面数据和追踪数据以及生存分析方法对中国失能老人的照料贫困问题进行系统研究。

综上所述，失能老人的长期照料问题已然成为国内外关注的热点问题，然而国内目前对长期照料需求满足状况的研究还比较薄弱。关于推进失能老人长期照料服务的深入研究，一方面需要研究视角的不断拓展，另一方面也有赖于研究方法的不断完善和研究内容的不断丰富。学界相关的研究成果为本研究奠定了基础，而目前存在的薄弱环节也为本研究指明了努力的方向。

三 核心概念界定

（一）失能老人

所谓"失能"，是指人们由于遭受慢性病、急性损伤或认知障碍而身心健康出现问题，无法进行正常的日常生活活动的状态（肖云，2017）。当前，评定生活自理能力的工具主要是基础性日常生活活动能力（ADL）量表和工具性日常生活活动能力（IADL）量表。1963年，Katz最早提出ADL概念，主要包含以下指标：吃饭、穿衣、洗澡、室内活动、上厕所及控制大小便等。根据上述几项指标的完成情况来评定等级，主要分为"完全自理"、"部分自理"和"不能自理"三个等级。这些是个人日常生活中最基本的活动，是必备的基本能力。这些指标代表着老年人是否可以实现自我照顾以及依赖他人帮助的程度，若老年人无法独立完成上述指标中的任何一项，他便需要得到来自其他人的日常生活照料服务（Katz et al.，1970）。IADL也是常见的老年人身体活动功能评估指标，需要比ADL更高的技巧才能完成，可评估个人是否能在社会中独立生活。与ADL相比，虽然IADL对老人的基础性生存威胁相对弱一些，但是它的缺损也会造成老人要依赖他人才能实现正常生活。凡是因为健康因素而无法实施这些活动就被视为身体功能具有障碍，从而需要长期照料（Spector et al.，1987）。

按照国际上通行标准，失能老人是指由于衰老、患病、身体残疾或智力缺陷等原因而丧失生活自理能力，无法独立完成穿衣、进食、洗澡、如厕、上下床、行走等任一活动的老年个体（潘金洪，2010）。中国老龄科学研究中心课题组列出 6 项评定失能程度的具体指标：吃饭、上下床、洗澡、上厕所、穿衣和室内走动。其中若无法独立完成 1~2 项为轻度失能，若无法独立完成 3~4 项为中度失能，若无法独立完成 5 项及以上则为重度失能（中国老龄科学研究中心课题组，2011）。本书对失能老人的界定是基于 Katz 的 ADL 量表和中国老龄科学研究中心课题组对于失能老人的判定标准，即认为失能老人是指由于疾病、衰老等原因存在不同程度的自理能力丧失，需要外界给予个性化的长期照料服务援助的 65 周岁及以上的老年人。

（二）长期照料

长期照料，简称 LTC（long-term care），也被译为长期护理、长期照护。当前长期照料在国际上已经发展成为探讨人类群体生命、生活、生计等主题，跨自然科学和社会科学两大体系，集多学科于一体的广泛性领域。邬沧萍将长期照料界定为老年人由于生理、心理受损生活不能自理，所以在一个较长时期内甚至在无限期都需要别人在日常生活中给予广泛帮助，包括日常生活照料和医疗护理。长期照料旨在提高病理性衰老，甚至正常衰老的老年人的生活质量和生命质量，它也是预防新的疾病发生的重要措施（邬沧萍，2001）。也就是说，长期照料的目的主要是提高生活质量而不是解决特定的医疗问题，用于满足基本需求而非特殊需求。WHO 对长期照料的定义强调其目的性，即"由非正规照护者和专业人员进行的护理照料活动体系，以保证那些不具备完全自我照料能力的人能够继续得到较高的生活质量，获得最大可能的独立、自主和参与"（孙祺宇，2017）。获得广泛认可的定义是桑特勒关于长期照料的阐述，即在相当长的时间段内，生活自理能力缺损人群所获得的大量的健康护理、生活照料及社会服务（桑特勒,2005)。基于以上分析,本研究将长期照料定义为存在认知障碍或者由于伤残、患慢性病及衰老等原因生活不能完全自理的人提供的一系列照料和护理。鉴于研究需要,本研究不考虑住在养老院的失能老人,长期照料对象锁定在居家失能老人的范畴内。

(三) 照料贫困

照料贫困(care poverty)是因应失能老人的基本生活照料问题而提出的。按照不同的标准,照料贫困可以划分为不同的类别,基于涉及的主体,贫困可以分为区域贫困和个体贫困,本研究主要考察的是失能老人的个体照料贫困。按照对失能老人的界定,老年人因吃饭、洗澡、上厕所、穿衣、控制大小便和室内走动等其中一项或多项功能丧失,必然需要外界提供基本照料援助,以维持基本的生活质量。如果需要这些照料服务而不能得到满足,就陷入照料贫困这一服务匮乏的状态。照料贫困不同于经济贫困,具有社会贫困的属性,是老年人经济贫困之外的非经济属性的贫困。综合以上分析,本研究将照料贫困定义为因照料资本(时间、人力、资金、技能等)的匮乏,老年人因失能所产生的照料需求得不到满足,从而导致其陷入服务贫困的困境。根据照料贫困的程度,又可以将照料贫困划分为完全照料贫困和部分照料贫困。当然,在接下来的第二章还会围绕照料贫困的概念进行深入阐释。

四 研究目标与基本思路

(一) 研究目标

在人口老龄化背景下,如何夯实社区居家养老服务在养老体系建设中的基础地位,正确处理政府投入有限与老年人规模庞大的关系,利用有限的照料资源为最有照料需求的老人提供服务,有效实现供给侧结构性改革,对解决失能老人的照料服务问题至关重要。本书认为,我们的研究不能仅仅停留在"长期照料服务供需矛盾尖锐,老年人照料需求得不到满足"的基本判断上,要进一步测量失能老人长期照料需求满足程度的基本状况，筛选出照料贫困的群体。同时，深入探究照料贫困发生的影响因素，验证照料贫困是否会给失能老人带来更大的健康损害，以此为社会养老服务供给侧结构改革、建设效果评估提供指引和依据。为实现本书的研究目标，需要解决一些具体问题，这些问题的解决构成了本书的工具性目标。具体的工具性目标包括四个部分。第一，失能老人的照料需求满足现状及照料贫困的现实表征。主要通过对居家失能老人照料需求满足状况的评估，识别出完全照料贫困的失能老人和部分照料贫困的失能老人，比较不同需求满足程度的失能老人的特征差异，从而突出重点，明确基本长期照料服务的受益对象。第二，失能老人陷入照料贫困的影响因素是什么？什么因素影响失能老人陷入照料贫困？哪些影响因素能够预测照料贫困的发生？照料贫困发生的深层致因是什么？第三，失能老人照料贫困的健康后果如何？在中国，失能老人陷入照料贫困与其后续健康风险是否存在关联？如果存在，影响究竟有多大？第四，本书的分析结果对于未来纾解失能老人照料贫困状况，改善失能老人的总体福利具有怎样的政策启示和借鉴作用？

（二）研究基本思路与内容框架

本书的研究属于问题导向型研究，研究思路是递进式的。按照"提出问题—理论分析—问题表征—影响因素—导致后果—结论与对策"的逻辑思路形成本书整体的研究框架。具体而言，在系统梳理已有研究的基础之上，构建失能老人照料贫困的概念体系和理论分析框架。为准确理解当前照料贫困的普遍性，首先，利用微观调查数据，使用交互分析和卡方检验等方法，考察失能老人照料贫困的现实表征，识别照料贫困群体的基本特征和差异。其次，构建两部分实证分析模型。一是在社会支持理论指引下，使用 Logistic 回归模型估计影响失能老人陷入照料贫困的因素，并基于福利多元主义理论利用宏观统计数据和微观调查数据分析照料贫困发生的深层致因；二是基于纵向追踪数据，使用生存分析方法和离散面板回归分析方法，实证分析照料贫困对失能老人产生的健康风险。最后,基于研究结论立足于我国老年照料的现实背景和基本国情,提出发展老年长期照料服务保障制度的理念转向,构建失能老人长期照料社会支持体系,细化纾解失能老人照料贫困问题的政策建议。本书的整体研究框架(技术路线)如图1-1所示。

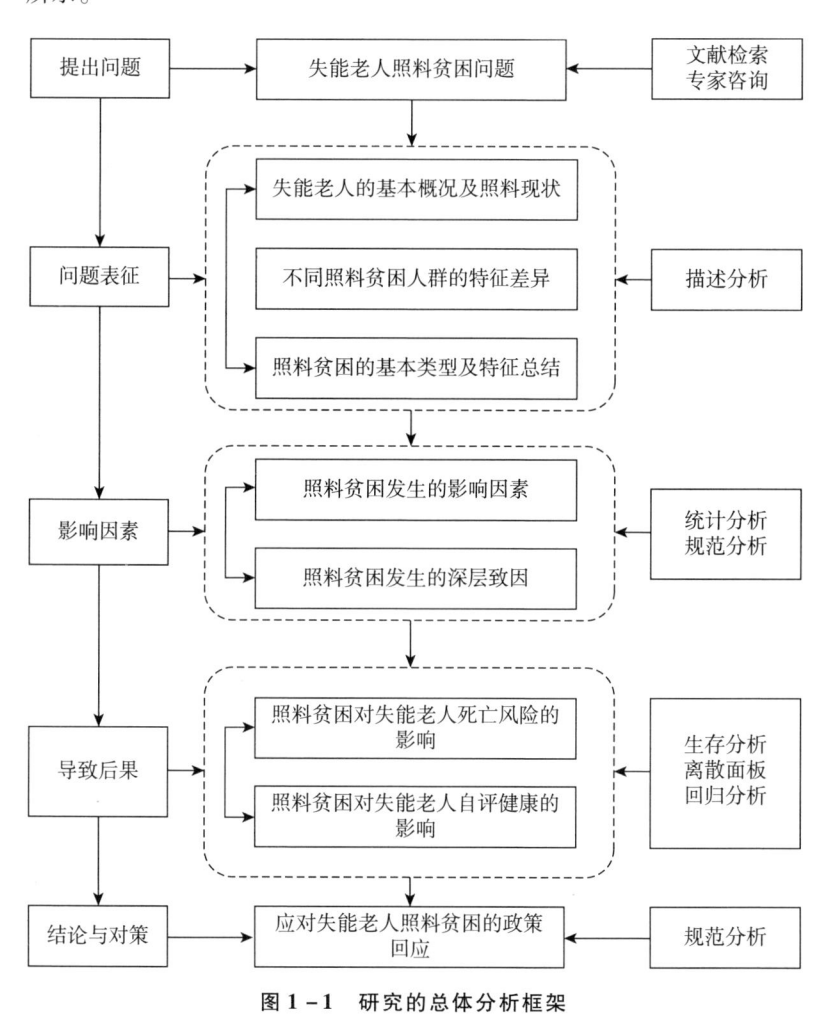

```
提出问题 → 失能老人照料贫困问题 ← 文献检索 专家咨询
    ↓
问题表征 → 失能老人的基本概况及照料现状
         不同照料贫困人群的特征差异      ← 描述分析
         照料贫困的基本类型及特征总结
    ↓
影响因素 → 照料贫困发生的影响因素        ← 统计分析
         照料贫困发生的深层致因            规范分析
    ↓
导致后果 → 照料贫困对失能老人死亡风险的影响  ← 生存分析
         照料贫困对失能老人自评健康的影响    离散面板
                                        回归分析
    ↓
结论与对策 → 应对失能老人照料贫困的政策回应 ← 规范分析
```

图1-1 研究的总体分析框架

为实现以上研究目标,按照研究框架的设计,本书将从八个章节展开研究,每章的内容安排如下。

第一章,人口老龄化与失能老人照料贫困问题。本章首先介绍了研究背景和研究意义，从理论背景和现实背景角度阐释了为什么要进行失能老人照料贫困问题研究，并且交代了该研究的意义。同时，紧密围绕研究主题进行了国内外相关文献的梳理与思考，为引出本书的研究问题奠定了文献基础。而且，从思路、内容和资料来源以及方法使用上交代了怎样进行该研究。这一章是本书的引入部分，也是本书的研究基础。

第二章，照料贫困的概念阐释、测量与理论分析。本章聚焦于"照料贫困"这一核心概念，从概念阐释、实证测量以及理论分析框架三个方面详细介绍了这一概念体系。基于贫困的概念变迁，详细阐述照料贫困概念的内涵和外延，同时结合已有研究和数据内容，针对照料贫困进行了实证测量；结合相关理论，构建了照料贫困的理论分析框架，从而为本研究的开展奠定了理论基础。

第三章，失能老人照料贫困问题的现实表征及差异。本章首先利用全国性微观调查数据分析失能老人的基本特征、长期照料的基本现状，定量测量失能老人的需求满足状况，识别照料贫困人群的特征和分布；其次，进一步根据程度划分，将失能老人群体划分为照料需求完全满足组、部分照料贫困组和完全照料贫困组，在此基础上比较三组人群的特征和差异。同时，明确家庭照料与社区居家照料的关系，在此基础上进一步进行理论总结，对我国居家失能老人照料贫困问题进行基本判断和特征总结。经过本章的描述分析，一方面对照料贫困状况有了清晰的认识，另一方面可以为政策干预提供基础信息。

第四章，失能老人照料贫困的影响因素分析。利用全国性微观调查数据，基于社会支持理论，从家庭资源禀赋、代际支持因素和正式社会支持因素三个方面选取变量，运用多元 Logistic 回归模型，实证分析影响失能老人照料贫困状况的因素。同时，从我国较大的城乡差异的实际出发，围绕城镇失能老人和农村失能老人分别建模，考察城乡失能老人照料贫困状况影响因素的共性与差异。

第五章，失能老人照料贫困深层致因分析。本章结合宏观统计数据和微观调查数据，运用规范分析方法，基于福利多元主义理论，针对政府、市场、社区和家庭等多元主体的功能发挥困境，从宏观层面和微观层面深入考察失能老人照料贫困的深层致因。

第六章，照料贫困对失能老人健康后果的影响分析。照料贫困的健康后果对充分理解失能老人晚年的生活质量和健康衰退进程有着重要意义。本章利用三期纵向追踪数据，结合生存分析方法和离散面板回归分析方法，从死亡风险和自评健康两个维度研究照料需求完全满足组和照料贫困组所面临的健康风险差异，考察照料贫困对失能老人死亡风险以及自评健康的影响方向及程度。

第七章，纾解失能老人照料贫困的政策建议。本章主要基于前文的分析结果，提出纾解失能老人照料贫困的理念转向与基本原则，构建以纾解照料贫困为导向的长期照料服务社会支持体系框架，并围绕纾解照料贫困构建制度化的长期照料社会支持体系提出有针对性的政策建议。

第八章，研究结论与讨论。对全书的研究发现进行总结，得出基本结论，并在研究结论的基础上提出两个方面的延伸性讨论。此外，围绕研究可能的创新点以及研究过程中的不足和下一步的研究方向进行思考。

五　数据来源与研究方法

（一）数据来源

数据和文本资料是本研究的基础，本书采用定量和定性相结合的研究方法，通过对收集到的相关文献和统计数据进行整理和鉴别，系统分析阻碍失能老人照料需求得到完全满足的深层致因。同时，通过收集大型微观调查数据为本书的定量研究提供数据支撑。本研究的文献材料主要来源于三个方面：一是来源于学术界公开发表的学术期刊和出版的书籍；二是来源于国家权威部门公开发布的历次全国人口普查数据、历年中国统计年鉴数据、历年国民经济与社会发展统计公报数据、历年人力资源和社会保障年鉴数据以及中国民政统计年鉴数据等；三是来源于知名学术研究机构开展的全国范围的专项微观调查数据，包括2008年、2011年和2014年三期中国老年人健康长寿影响因素调查数据和2014年中国老年社会追踪调查数据。下面对这两个数据来源做简要介绍。中国老年人健康长寿影响因素调查（CLHLS），是由北京大学健康老龄与发展研究中心与国家发展研究院组织的老年人追踪调查数据。该调查采取分层多阶段的概率抽样方法，共覆盖全国31个省区市中的23个，主要调查对象包括两部分，一部分是65岁及以上的老年人，另一部分是35~64岁的成年子女；调查问卷分为两类，一类是存活被访者问卷，另一类是死亡老人家属问卷。存活被访者问卷的调查内容主要涉及老年人及家庭的基本状况、家庭结构、经济来源、健康和生活质量自评、认知功能、日常活动能力、生活照料和生活方式等180项内容；死亡老人家属问卷的调查内容主要涉及死亡的时间、地点、原因和临终前生活自理能力等。该项目于1998年进行基线调查，此后于2000年、2002年、2005年、2008~2009年、2011~2012年和2014年共进行了6次跟踪调查，累计入户96805人次。

关于此数据的选取和使用，有三点需要进行说明：其一，CLHLS数据是目前国内仅有的收集了老年人照料需求满足信息的全国范围的大型抽样调查数据，正好契合本书的研究主题；其二，CLHLS数据是为数不多的几个专门针对老年人健康进行调查的跟踪数据之一，与横向数据相比，纵向数据能够分析一段时间内或几个时间点上总体的平均变动趋势和不同个体之间的变动趋势差异（刘红云、孟庆茂，2003）；其三，本研究主要使用2008年、2011年和2014年三期数据，验证失能老人陷入照料贫困的健康后果。

中国老年社会追踪调查（CLASS）是由中国人民大学组织的全国性、连续性的大型社会调查项目。2014年对全国各地数百个社区一万多户家庭进行了抽样调查，数据类型包括社区层面和个体层面两类。个体问卷的调查对象是60周岁及以上的中国老年人。该调查采取分层多阶段的概率抽样方法，覆盖除港澳台、海南、新疆和西藏之外的全国 28 个省级单位，调查样本来自全国 134 个县、区的 462 个村、居，共获得社区问卷 462 份，居民问卷 11511 份。之所以利用此数据作为辅助分析，是因为 2014 年中国老年人健康长寿影响因素调查数据中没有调查养老服务机构和设施的供给情况，而养老服务机构和设施的覆盖及利用状况是反映一个地区养老服务供给状况的重要指标。因此，利用 2014 年中国老年社会追踪调查中的数据来分析城乡养老服务机构和设施的供给水平。

需要说明的是，关于数据的清理和变量的操作均在后面章节里进行了具体阐释。

（二）研究方法

1. 统计分析方法

统计分析方法主要包括描述性分析和模型分析。根据研究目的和数据状况，描述性分析主要进行单变量分析、双变量分析、交互分析、相关分析。描述性分析结果不仅提供样本的基本特征，还可以帮助我们决定是否有必要对数据进行模型分析。同时，为进一步挖掘数据资源，探讨变量之间的关系，在描述性分析的基础上进行推断性模型分析。根据数据层次分别利用普通二分类回归模型和离散面板回归模型进行分析。此外，为考察失能老人照料贫困的城乡差异，将对全部样本按照城乡进行次样本描述并分别建立回归模型。

2. 生存分析方法

生存分析（Survival Analysis）方法又称事件史分析方法，主要用于探索因变量为"事件是否发生"以及"从一个状态转换到另一个状态间的持续时间"，同时可以考察哪些因素影响了事件发生的速度以及生存时间的长短。该方法将事件发生和解释变量联系到一起。生存回归模型或比例风险回归模型（proportional hazards model，简称 Cox 模型），被应用于从生存数据得出因果推断的研究之中。本研究使用 Cox 模型来考察失能老人照料贫困与死亡风险之间的关联。生存分析的主要目的在于研究变量 X 与观察结果即生存函数（累积生存率）之间的关系。该模型以生存结局和生存时间为因变量，可同时分析众多因素对生存期的影响，能分析带有截尾生存时间的资料，且不要求估计资料的生存分布类型。生存分析的数据中，经常看到处于持续时间的数据被删截或被截除的现象，而普通线性回归的不足在于不能将存在可能性但事件尚未发生的样本纳入分析过程，而生存分析所对应的因变量则是一个包含删截或截除数据的事件时间变量，即因变量同时包含持续时间与事件发生的特征，从而可以充分利用样本信息，避免分析结果出现系统性偏差。

第二章 照料贫困的概念阐释、测量与理论分析

"照料贫困"是本书为分析失能老人照料需求满足状况所引入的概念,并非通常意义上的贫困,更多的是一种照料服务获得不足的状态表达。为了准确、清晰地呈现照料贫困的内涵,本章将围绕照料贫困的概念形成进行阐释,并结合国外相关研究对照料贫困进行实证测量。同时,围绕失能老人的照料贫困问题进行理论分析,并构建照料贫困理论分析框架,进而为本研究的开展奠定理论基础。

一 照料贫困的概念阐释与测量

(一)贫困概念内涵的演变

在研究照料贫困之前,首先需要深入探讨一下何为贫困,以及贫困的应用范围。从理性认识层面来看,对"贫困是什么"做出科学的判断或定义并不是一件容易的事情。正如阿马蒂亚·森在《贫困与饥荒》中所指出的那样:并非所有关于贫困的事情都如此简单明了,当我们离开极端的和原生的贫困时,对于贫困人口的识别,甚至对于贫困的判断都会变得模糊不清(阿马蒂亚·森,2004)。国内外的研究共识表明,由于缺乏手段、能力、机会等原因,社会主体的某些正常需求得不到满足或者欠缺,往往会导致贫困的发生。然而贫困究竟是什么?尽管很多专家学者从不同的视角给贫困下了定义,但是迄今为止,学界、政府部门及国际组织对贫困尚无一致的看法。

从贫困概念的发展历程来看,随着社会经济发展变迁,人们

对贫困的认识是在不断加深的,贫困的内涵也在不断扩展、深化(见表2-1)。

在传统贫困理论谱系中,对于贫困的理解主要是拘泥于经济学的框架来进行探讨的,把贫困问题解释为单纯的经济问题,认为产生贫困的原因在于经济上的不平等,强调收入平等对贫困治理的极端重要性(蒋谨慎,2017)。随着人们对贫困现象认识的深入,越来越多的人意识到,单纯从收入或消费来界定贫困的视角过于狭隘,因为它"不恰当地将人们的经济地位与社会背景割裂开来"(Rowles & Johansson, 1993)。因此,人们对贫困的界定开始拓展到包括生活标准在内的其他方面,如文化生活的匮乏、健康状况、寿命、读写能力等(童星、林闽钢,1994),这使得贫困概念的外延得到进一步拓展。

表2-1 对贫困问题认识的不断扩展和深化过程

视角	贫困的认识	核心内涵	测量标准
经济视角	经济贫困	指经济范畴上的贫困,即个人或家庭物质生活贫困,经济收入或者消费水平不能达到一个社会可以接受的"最低"或"最起码"的生活标准	收入水平或者消费水平等货币尺度(收入低下)
非经济视角	能力贫困	从能力的视角定义贫困,认为贫困主体(个体或群体)在社会资源的获取或分配上处于机会、能力与手段的匮乏状态,即贫困的终极落脚点并非收入问题,而是不能获得某些最低限度需要的能力问题。这种能力就是可行能力或实质自由	贫困者功能发挥和能力的实现
	多维贫困	以能力贫困为基础提出。认为收入匮乏无法完全反映个体或家庭的被剥夺程度,需要从多个功能性维度来考察,如健康、教育、生活水平等	多维贫困测量指数
	社会贫困	以能力贫困为基础提出。是指由于缺乏"物质和服务"而引起的经济、社会、文化、政治和精神等方面的"落后"或"困难"	教育、职业机会、生存健康、卫生质量、社会和政治差异等方面缺失或不足等

资料来源:笔者根据阿马蒂亚·森(2013)的《以自由看待发展》、杨菊华(2010)的《人口转变与老年贫困》等著述中的内容总结得到。

如今，贫困更多地被认为是一种劣势的集合体，一种对脆弱性和风险性的担忧，对暴露于冲击、压力和风险之中的内在无助。2000~2001年的《世界银行发展报告》将关系到自己命运的话语权、风险抵抗能力等引入贫困的内涵中去。世界银行对贫困的新定义包含生活水准、能力和服务等多维内容。这种多维衡量指标得到包括我国在内的世界多数国家的认同。2015年由中共中央、国务院印发的《关于打赢脱贫攻坚战的决定》文件中更是关于对贫困人口实施健康扶贫、教育扶贫、资产收益扶贫等进行了明确的规定（高翔、王三秀，2017）。

可见，人们对贫困的认识随着社会变迁、经济发展、观念变化而得到相应的发展。除经济贫困之外，人们又提出了社会贫困的概念，教育机会、职业机会、生存健康、卫生质量、社会和政治差异等方面的缺失或不足都被认为是社会贫困的衡量指标。而对老年人而言，贫困除包括直接的收入和消费支出外，还会遇到诸多特殊困难，包括生活质量、身体照料和精神慰藉等方面的欠缺或不足。当然，目前人们对更广泛意义上的社会贫困还认识不足。正如杨菊华在《人口转变与老年贫困》一书中所言：随着社会经济的发展，人们"食不果腹、衣不蔽体、住不避风寒"的经济贫困发生率在逐渐降低，但是在某些社会指标上的差异在不断扩大，如个体健康水平的差异、日常照料的不足、心理慰藉的欠缺现象都应该纳入贫困的范畴而予以关注（杨菊华，2010）。

（二）照料贫困的概念内涵及拓展

通过对贫困概念演变脉络的梳理，本研究希望对社会贫困范畴之内的照料贫困问题进行深入研究。试图将能力贫困和社会贫困两大范畴叠加起来，对照料贫困概念进行分析，并在此基础上进行理论延伸，探索性地提出老年人经济贫困之外的照料贫困理论分析框架。

就"照料贫困"这一概念而言，最早是由芬兰于韦斯屈莱理工学院的Teppo Kroger教授提出的，只不过他的分析对象是儿童照料。他通过观察分析欧洲国家单亲妈妈在儿童日常照料中的难题提出，照料贫困主要是指因照料服务的资源不能满足照料需求所陷入的各种窘境。而照料贫困的主要诱因在于照料资本匮乏，尤其是指时间、资金、技能及其载体——照料人力的匮乏。后来，中国学者杨团应用"照料贫困"概念分析了农村失能老人的照料困境。她认为在家庭和社会变迁的背景下，农村的失能老人因为缺乏照料，陷入一种并非源于收入贫困的新贫困，即照料贫困。失能老人因丧失独立生活能力陷入可行能力贫困，从而需要外界照料。如果获得充足的照料，那么这些失能老人就不会陷入照料贫困。但是，随着农村社会变迁，家庭照料功能弱化，逐渐丧失了照料老年人的能力，而社区和市场化照料服务又发展不足，使得中国农村照料贫困问题尤为严重（杨团，2016）。然而，她更多的是抛出了照料贫困这样一个问题，却并未对照料贫困的概念形成进行深入的分析和理论总结，也没有利用实证方法深入探究照料贫困问题的影响机制和潜在后果。

国外很早就开始了针对失能老人照料需求满足状况的研究，只是他们在分析该问题时，最开始并没有使用"照料贫困"的概念，而是更多地使用"未满足"的需求（unmet need）概念来反映失能老人的照料服务获取状态。"未满足"的需求是指当下获取的照料服务尤其是家庭照料服务不能满足的长期照料需求。从广义上看包括完全未满足的需求（completely unmet need）和部分未满足的需求（under-met need），前者是狭义的未满足的需求，指需要照料但却无人照料或照料无效，后者指有人照料但却无法完全满足其需求（Gibson & Verma，2006）。同时，关于未满足的照料需求的新兴文献正在区分其需求未得到满足的个体的亚群体，如各种生活环境中的群体（Newcomer et al.，2005），以及那些只得到不充分帮助的失能老人和根本得不到帮助的失能老人的特征和情况所存在的重大差异（Susan & Allen，2001）。因此，对这两类失能老人群体的照料状况进行区分也具有客观必要性。当然，后来逐渐也有学者运用照料贫困来分析健康照料服务不足的状况（Raiz，2006）。

那么，本书引入的"照料贫困"概念究竟该如何解释呢？现代贫困学从学理上提出贫困界定的三维基本要素：贫困主体、贫困客体和测量尺度。为了将抽象的贫困概念转化为具体的概念，需要合理回答这三个问题：第一，哪一类主体贫困，如个人还是家庭；第二，是什么内容贫困，如经济方面还是服务方面；第三，根据什么尺度界定贫困，如收入还是机会等（谭诗斌，2012）。借鉴此解释框架，本书也从这三个方面对照料贫困概念做出较为明确的解读。

首先，照料贫困的主体是失能老人个体。在人口快速老龄化和高龄化的背景下，未来会有越来越多的老年人因疾病或功能受损而陷入失能状态。而失能老人因面临"失能"和"年老"这双重风险，所以比一般老人更容易遭遇风险，从而陷入照料贫困。

其次，照料贫困的客体是基本生活照料服务。老年人一旦失能，必然需要外界的服务援助才能代偿其功能丧失，才能维持基本的生活质量。这意味着为保障失能老人的基本生活质量，需要大量的长期照料服务。

最后，照料贫困的测量尺度是6项基本生活自理能力的满足状况。吃饭、穿衣、洗澡、室内活动、上厕所及控制大小便等这些在正常人看来最基本不过的活动，一旦丧失其中一项，则意味着需要得到来自其他人的日常生活照料服务。如果得不到这些服务或者这些服务需求得不到满足，那么失能老人则可能只能维持低水平的存活。

综合上述分析，本书将"照料贫困"界定为失能老人因照料资本（时间、人力、资金、技能等）的匮乏，导致其因失能所产生的照料需求得不到满足，从而陷入服务不足的一种困境。同时，鉴于无人帮助照料和照料不足存在较大差异的研究结论（Susan & Allen，2001），根据照料需求满足的程度，又可以将照料贫困分成两个层面：从狭义上看，照料贫困是指失能老人因功能丧失需要照料服务然而却无人照料或照料无效的状况，即完全照料贫困；从广义上看，照料贫困是在狭义的基础上纳入了部分未满足的需求，指有人照料但却无法完全满足其需求，即部分照料贫困。

通过照料贫困的概念形成我们知道，照料贫困是失能老人由于外界照料服务不足以代偿功能丧失而引起的基本生活照料需求得不到满足的一种困境,那么这种困境为什么会出现呢?从理论上而言,造成这种困境的诱因可能是多方面的:一是无人提供照料,只能自己维持低水平的存活;二是有人提供照料,但是由于照料者的时间、技能、健康约束只能提供部分照料;三是有人提供照料,但是照料者长时间提供照料之后,受主观照料意愿约束,只能提供部分照料;四是社会照料匮乏,即使有钱也买不到有效的照料服务;五是社会照料服务质量不高,缺乏服务质量控制,难以有效满足失能老人需求。这些理论预设也是本书在分析照料贫困的形成机理中需要分析的。

界定照料贫困的内涵之后,我们不禁会问,照料贫困和经济贫困之间又有什么区别和联系呢?本研究认为经济贫困和照料贫困之间并非孤立的,而是相互影响的。经济贫困可以导致或激化照料贫困的发生,而经济贫困的缓解也可能会减弱照料贫困。如果收入水平较低,从子女那里通过交换获取照料服务或者购买社会照料服务的能力较低,则可能导致所需要的照料需求不能得到完全满足,从而陷入照料贫困。当然,经济贫困的发展并不必然会产生照料贫困,经济富足也可能陷入照料贫困,如果外界缺乏优质的社会服务供给以及高效的服务质量控制机制,也会面临照料需求得不到满足,从而陷入照料贫困的境况。此外,照料贫困的发生,意味着失能老人的健康状况可能会进一步恶化,从而使功能进一步受损,需要更多外界的援助,需花费更多的金钱,从而导致经济贫困的发生或者进一步加剧经济贫困。总之,贫困不应仅从物本的角度来解释,还应从人本的角度来理解。物(经济)的匮乏,只是一种外在的、表象的、工具性的匮乏,而在经济背后的健康、机会、服务、权利的匮乏才是贫困真正的本质。对失能老人而言,要维持失能期间的生活质量,经济保障和服务保障如"鸟之双翼、车之两轮",缺一不可。在当前经济保障基本满足的情境下,如果照料服务获取不足,陷入照料贫困,势必会对失能老人的生活质量产生负向影响。照料贫困是老年贫困的一个十分重要的方面,关乎失能老人的健康管理和生命质量,是剥夺老年人权利和能力的重要衡量指标，为此，失能老人的照料贫困问题理应得到关注和重视。

(三) 照料贫困的实证测量

本研究对照料贫困的测量，主要参照国外对"未满足"的需求的测量方式。综合各类文献可以发现，具体到长期照料"未满足"的需求的测量，以往研究主要从三个方面进行衡量：一是老年人对是否需要更多帮助的自我报告（Morrow-Howell et al.，2001）；二是针对个人需要的专业临床评估；三是公共卫生专业人员的评价，例如，国家医疗补助主任对服务总需求的评估（Harrington et al.，2002）。虽然流行的观点可能会贬低个人自我报告数据的重要性，但大量的研究支持基于自我报告需求的数据的有效性。例如，自我报告对长期照料援助需求的有效性与自我报告的健康状况相似，这是一个"优秀的，虽然不是最好的，预测使用卫生服务的预测因子"（Williams et al.，1997）。与专业人士相比，老年人虽然可能更少地发现问题和服务需求，但是接受家庭照料服务的老年人在满足其功能需求方面所需要的护理比专业护士使用基于家庭访谈的临床报告可能更充分（Morrow-Howell et al.，2001）。与此同时，即使在复杂的照料情况下，老年人对个人正式护理工作报告的有效性在与行政记录相匹配的情况下也非常显著（Albert et al.，2004）。

针对长期照料需求，目前虽然尚无确定的标准来评估这些需求，但是，文献中最常用的测量方法是采用基础性日常生活活动能力（ADL）量表和工具性日常生活活动能力（IADL）量表（Katz et al.，1970）。Manton 等（2006）根据国家长期照料调查，将长期照料需求定义为：在过去三个月（及更长）的时间内，任意一项 ADL 任务（洗澡、穿衣、上厕所、室内活动、控制大小便、吃饭）需要帮助即视为有长期照料需求。因为那些在洗澡、穿衣、吃饭、如厕等正常人认为理所当然的事情方面，失能老人如果没有得到必要的帮助，就会面临日常生活的挑战。国外一般用有这些照料需求且有没有得到帮助等客观性问题来度量照料需求是否得到满足（顾大男、柳玉芝，2008）。还有研究认为如果一个人不能完成必要的任务，就可以说是需要援助，如果得不到所需援助，就会产生未被满足的需求。但是这种援助的性质可以以各种方式加以界定。例如，这种援助可以包括来自另一个人的帮助，也可以包括设备或科技（Manton，1988）。

综上，本研究在测量照料贫困之前，首先要明确什么是长期照料需求。关于长期照料需求的内涵，目前还没有达成共识，但根据国际上常用的基础性日常生活活动能力（ADL）判断法（彭希哲等，2017），本研究将在6项基本生活自理能力（洗澡、穿衣、上厕所、室内活动、控制大小便、吃饭）中在三个月以上的时间里有任何一项及以上需要外界援助的视为有长期照料需求。本书使用的中国老年人健康长寿影响因素调查（CLHLS）数据询问了受访者在6项基本生活自理能力中是否需要帮助。回答"是"的受访者又被进一步问及他们接受援助的时间。在研究中将回答接受ADL援助超过90天（约3个月）的受访者纳入研究样本。而判断失能老人是否发生照料贫困则主要根据受访者对访问问题的自我报告来衡量。结合"您目前在六项日常活动中需要他人帮助时，谁是主要帮助者？"和"您认为您目前在六项日常活动中得到的这些帮助能够满足您的需要吗？"两个问题进行衡量。在本书的研究实践中，将回答完全满足的视为"照料满足"，将回答部分满足的视为"部分照料贫困"，将回答无人照料和照料需求完全不满足的视为"完全照料贫困"。尽管这种衡量照料贫困的方法是基于个人对他需要任何帮助的看法，具有一些主观因素，但有证据表明它是衡量未满足的需求的有效指标（Gibson & Verma，2006；Morrow-Howell et al.，2001）。

在明确了失能老人个体是否陷入照料贫困的基础之上，为进一步衡量不同性别、区域、年龄等分群体差异以及整体失能老人的照料贫困状况，需要构造统一的测量指标。针对这一指标，一方面可以衡量当前不同群体特征的失能老人照料需求的满足状况，另一方面可以衡量国家推进养老服务方面的政策效果，为政策评估提供新的、有效的指标。基于此，本研究希望构建"照料贫困发生率"这一指标来实现上述功能。所谓照料贫困发生率，是指陷入照料贫困的失能老人数量占全部失能老人数量的比例。照料贫困发生率＝照料贫困失能老人数量/失能老人数量×100%。用公式表示如下：

$$Pr = \frac{Pn}{Dn} \times 100\%$$

Pr 表示照料贫困发生率；Pn 表示陷入照料贫困的失能老人数量；Dn 表示全部失能老人数量。通过构建照料贫困发生率这一指标，我们可以据此测量整体和局部的失能老人的照料需求满足状况，同时可以进一步评估政府在有关社会养老服务政策方面的效果。

二 照料贫困问题研究的理论基础

（一）可行能力理论

阿马蒂亚·森（Amartya Sen）（以下简称森）最早提出了可行能力理论。通常意义上，人们习惯从经济学的视角来看待贫困，往往将贫困现象简化并归咎于收入水平低下，所以在消除贫困时比较强调收入增长的重要作用。森认为以往有关贫困的理论很多时候把收入误解为纯粹意义上的经济困境，没有注意到收入不平等背后隐含的实质问题是社会权利被剥夺和能力低下。贫困不仅是在收入方面低于一般水准，而且在福利获得方面缺少机会。长期以来，贫困就是收入短缺的观点在研究文献中已经相当牢固地确立了，因为人们在分析贫困现象时往往将饥饿和饥荒与收入不足联系起来。而在深入考察贫困问题时，很大程度上会以收入分配尤其是较低水平的实际收入为逻辑起点来展开。然而，也有同样好的理由来说明不应该仅仅聚焦收入问题并将之作为重点（森，2013）。罗尔斯关于"基本物品"的经典分析对于人们所需要的资源，不管其各自的目标是什么，提供了一幅更完整的画面（杨伟民，2008）。基本物品是帮助个体实现目标的通用性手段，不仅代指收入，还包括收入之外的其他通用性手段，诸如权利、自由权和机会、财富以及自尊的社会基础。在收入剥夺与收入转化为功能性活动的困难这二者之间，存在某种配对（coupling）效应（罗尔斯，2001）。

　　森强调应该用基本的可行能力剥夺，而不仅仅是收入低下来衡量贫困问题。一个人的可行能力，就是对于此人是有可能实现的、各种可能的功能性活动的组合。基本的可行能力包括免于饥饿、营养不良和无家可归，免于可治疗的疾病和过早死亡，能够识字算数，能够体面地出现在公众面前，以及有效的社会参与等（谭诗斌，2012）。可行能力方面的缺陷，例如，步入老年、身体障碍或者患病等都会弱化赚取收入的基本能力，然而这诸多因素同样使得把收入转化为可行能力会面临更多障碍。因为年龄越大、功能丧失越严重或者患病程度越重的个体，往往需要越高的收入购买康复治疗和生活照料服务，方能获得和一般人一样的功能性活动。那么这在一定程度上表明，因可行能力被剥夺产生的"真实贫困"，往往比单纯在收入方面呈现的表层贫困状态更为严重（张利洁，2006）。故而，针对那些意在扶助收入水平低下并且具有能力转化障碍老人的公共行动进行评估时，除要考虑收入水平较低的因素之外，同时也需要兼顾在将收入转化为可行能力时的困难，这对制定针对贫困治理的公共政策较为关键（森，2013）。

　　该理论对照料贫困问题的研究启示如下。

　　阿马蒂亚·森的可行能力理论为贫困分析提供了新的路向，把人们的关注点从通常意义上的手段（收入），引向有理由追求的目的，并相应地转向可以使这些目的得以实现的自由，深化了人们对贫困和权利剥夺的性质以及原因的理解。可行能力指的是人们能够做自己想做的事情、过上自己想过的生活的能力，因此，丧失独立生活自理能力的老年人自然就陷入了可行能力贫困。如果有人提供充足有效的照料，就可以帮助老人实现健康、尊严以及参与等实质自由。如果照料服务缺失或不足，就陷入了照料贫困的境况。老龄社会使得失能人口随老年人，尤其高龄老年人比重的增长而快速增加。与此同时，快速的人口老龄化使得家庭在社会变迁中逐渐丧失照料老年人的能力（家庭照料成本上升、家庭照料劳动力资源萎缩）。同时，老年人口寿命的延长直接使得代际共同生活的时间延长，一定程度上导致照料与代际支持关系的延长。在此背景下，照料者陷入"能力贫困"，致使越来越多的失能老人陷入照料贫困。因此，我们要将注意力从老人收入贫困问题转向老人获取服务能力的增强上。为保障失能老人生活质量和实质自由，需要外界的服务援助来代偿某些功能性丧失，如果得不到服务援助就可能陷入经济贫困之外的服务贫困。

（二）社会支持理论

针对社会支持的研究起源于20世纪70年代，早期较多地应用于医疗疾病和精神康复领域。后来社会学界引入社会支持的概念，并成为社会学的重要研究领域之一（行红芳，2006）。与其他学科相比，社会学对社会支持的讨论和关注更多地聚焦于它对个体以及群体所产生的作用和效果。80年代中后期，我国也开始基于宏观视角对社会支持展开研究，主要聚焦于老人、妇女、青少年等社会弱势群体的社会支持状况研究。

目前学界围绕社会支持展开了诸多研究，但是对其内涵并没有形成一致的意见。学者们从不同学科视角出发对社会支持的概念内涵进行了探讨和界定。有研究认为，所谓社会支持囊括家庭内部和外部之间的连接与供给，涉及形式多样的正式以及非正式的协助和支持（Uehara，1990）。Lin等认为社会支持包含个体和环境之间的互动关系，是指个人感受到或者实际获得的由外界主体（亲属、社区、社会网络）等所提供的表达性支持或工具性支持。其中表达性支持主要包括情绪和情感表达以及尊重和重视他人价值等，而工具性支持主要是协助实现目标的具体手段，如经济帮助和介绍工作等（Lin et al.，1999）。中国学者也对社会支持进行了诸多研究，如李强认为社会支持是指个人通过社会联系提高社会适应能力、缓解精神紧张状态。社会联系具体指来自家庭成员、同事、社会团体、组织以及社区的精神上和物质上的支持和帮助（李强，1998）。陈成文、潘泽泉认为社会支持的主体是社会网络，客体是社会弱势群体，载体是物质和精神支持，本质特征是社会性、无偿性和选择性（陈成文、潘泽泉，2000）。贺寨平综合已有研究认为社会支持网是个体可以获得各种社会资源支持的网络，可以帮助个体解决日常生活中的各种危机，从而维持正常生活（贺寨平，2001）。总之，可以将社会支持理解为当个人陷入困境之中时能够从外界获得的各类资源支持，这种支持可以来自他人、群体和社区等。社会支持从功能上划分，可以分为情感支持、陪伴支持和信息支持。完备的社会支持既可以更好地保护有压力的个体，又有助于个体保持良好的情绪体验。就社会支持的内容而言，主要是指社会支持主体所提供的各种服务。

根据社会支持的性质，老年人获得的支持可以分为正式支持和非正式支持两大类。正式支持（formal support）是指由国家或政府提供的制度性支持。非正式支持（informal support）是指由亲人、邻居、朋友等初级群体提供的非制度性支持。正式支持与非正式支持的区分在于是否有国家直接干预及相关的制度和法律规定。非正式支持的存在有赖于政府的支持。政府的政策和机制对于建立和强化非正式支持非常重要（姚远，2003）。非正式支持的形式可以分为三类：一是核心家庭成员对父母的支持（代际支持）；二是亲属（兄弟姐妹、远亲、姻亲）等对老年人的支持；三是邻居、朋友、慈善机构、非政府组织以及社区志愿者服务等。非正式支持的特征表现在：第一，初级群体奠定了非正式支持的资源基础；第二，家庭成员尤其是子女的支持构成了非正式支持的基础和核心成分；第三，非正式支持主要由女性承担；第四，非正式支持一旦被削弱或被排挤，就很难恢复；第五，非正式支持具有可塑性。鼓励、推进非正式支持的措施包括：一是货币支持替代亲自支持；二是提高自我养老能力；三是建立适应非正式支持变化的文化机制；四是向承担养老责任的子女或亲属等倾斜的经济政策（姚远，2001）。

国外研究老年社会支持问题注重家庭、亲属、朋友、邻里和机构为老人提供支持和照料服务中的职能分工。他们提出了层级补偿模式、任务分工模式和关系特定模式（Messeri et al.，1993）。

层级补偿模式主张社会支持网络的成员有偏好的顺序，配偶和子女是老人的最优偏好，当配偶和子女不在时，老人才会寻求其他资源。任务分工模式认为正式照料体系和非正式照料体系是互补的。正式照料体系一般承担规定性的、具有专业技术要求的服务，而非正式照料体系则主要承担日常性的、偶然性的以及简单的照料服务。配偶适合提供日常家务工作，扩大家庭成员适合提供临时的照护和情绪支持，朋友是自由时间活动的同伴，而邻居则是相互借用家庭用品者。关系特定模式则主张某种特定性质的任务必须由社会支持网络中唯一的协助者或组织来完成。而某一位协助者可能发挥好几项功能或某一项功能由几位协助者共同来执行。对老人而言，配偶和孩子是获得帮助和安全感的主要来源，而参与团体组织是获得自尊的重要途径。针对没有配偶和子女的独居老人，家庭归属的需求可以通过亲属来满足，而亲密关系的需求则通过朋友来满足。

该理论对照料贫困问题的研究启示如下。

在失能老人长期照料领域中，社会支持通常表现在为失能老人提供的社会网络支持资源，即家庭、社区与政府等相互交织形成的支持网。而失能老人照料贫困问题实质是老年人因失能需要外界的社会服务支持，但获得的支持不足以满足需要，即外界的正式支持或非正式支持不足以代偿因失能所产生的功能丧失。通常情况下，大部分失能老人通过非正式支持获得照料服务，只有当非正式支持不足时，才会寻求正式支持。但是社会支持的限度该如何确定呢？这就不得不有效区分失能老人照料贫困的程度，基于不同程度的照料贫困来确定社会支持的性质及限度，即正确处理正式支持和非正式支持的关系。一般来说，家庭内部非正式支持对于老人来说更具有"连接感"，是自己可以直接接触的最重要资源，对老年生活产生重大影响。同时，社区等外部支持是居于社会网络外层的一般关系，个人与社区之间的关系反映了其社会整合度，主要包括社会组织、养老机构等正式组织所提供的服务资源。当前我国的养老服务实践工作，往往容易忽视将正式支持与非正式支持进行整合，习惯以断裂的视角来看待长期照料服务供给。而针对照料贫困的失能老人，在对其进行资格评估和制订个性化的照料服务方案过程中，要将申请者自身已有的非正式照料服务支持资源考虑在内，并结合其自身实际情况，将社区等组织所提供的正式服务支持资源与自身的非正式服务支持资源进行链接。当前，大部分失能老人愿意在家庭中接受照料，为此应发挥社区居家养老服务这种正式支持的作用，弥补老人非正式支持的减少，为他们提供基本生活照料服务方面的支持。

（三）福利多元主义理论

20世纪70年代中期，发达国家社会矛盾日益突出，福利国家制度下过分依赖政府提供福利的凯恩斯-贝弗里奇模式广受诟病，几乎所有福利国家都成了被批评的对象。在这样的背景下，福利多元主义理论应运而生，并成为继古典自由主义、凯恩斯-贝弗里奇模式之后新兴的理论范式。它认为社会福利是全社会的产物，主张社会福利来源的多元化，即福利供给不能只依赖特定某个主体，如完全交给国家或者市场，而是要实现"社会多中心主义"对"国家中心主义"的替代，进而实现"混合福利"。福利混合的基本分析框架认为：包括国家、家庭、社区、市场、慈善组织等在内的社会中的不同角色主体，都可以提供不同的福利产品，它们可以共同协作，从而实现社会福利目标。

英国的沃尔芬德最早提出"福利多元主义"概念，他认为社会福利供给可以看作一个多元的体系，而志愿者组织则是其中之一。之后，罗斯进一步对"福利多元主义"概念进行了拓展和界定。他认为政府只是社会服务供给的责任主体之一，社会整体的福利来源应该是政府、市场和家庭三方主体，三方形成福利的供给合力（韩央迪，2012）。罗斯非常强调政府财税福利的重要作用，同时也承认家庭和市场在福利供给中的作用，他认为应该从相互合作而非相互竞争的角度看待这三方主体之间的关系，它们在福利供给过程中是相互补充的（罗小华，2014）。后来，罗斯的福利三分法成为学者们研究福利多元主义的分析基础。德国学者伊瓦斯在罗斯的理论基础上构建了福利三角理论，他认为探究福利供给应该将三者放置于政治、文化和经济情境下。他将福利三角中的三方具体化为对应的组织、价值和社会成员关系（见表2-2）。伊瓦斯认为三角关系之中，市场对应的是正式组织，体现为价值的自主选择；国家对应的是公共组织，一般经由制度化的社会福利政策体系围绕社会资源进行二次分配；家庭作为非正式或私人组织，体现的是团结和共有的价值。福利三角互动过程中提供的福利体现了福利提供的多元化，而福利的份额在它们之间此消彼长（彭华民，2009）。

表2-2 伊瓦斯的福利三角：组织、价值和关系

福利三角	组织	价值	关系
市场（经济）	正式组织	选择 自主	行动者与市场（经济）的关系
国家	公共组织	平等 保障	行动者与国家的关系
家庭	非正式/私人组织	团结 共有	行动者与社会的关系

资料来源：彭华民，2009。

在约翰逊的福利四分法中，供给主体包括市场、国家、非正规部门和志愿组织。他指出家庭和志愿组织是不可忽视的福利提供主体，在福利的供给上二者发挥着不容小觑的作用（Johnson，1987）。同时，德国学者纽伯格提出了福利五边形的观点，他认为福利的提供者包括家庭、国家、市场、社会网络和会员组织五个主体，公民和家庭可以从这五个主体提供的福利中获得满足（Neubourg et al.，2002）。无论是福利多元主义的三分法、四分法还是五分法，事实上，学者们都在强调通过供给主体多元化的实现，达到改变政府包揽福利提供的局面，其核心思想是超越传统的国家和市场的界限划分，实现福利提供主体之间的良性互动。

该理论对本书的研究启示如下。

福利多元主义理论从提供和传递福利产品角色方面为分析失能老人照料贫困问题及政策干预奠定了基础。该理论建基于福利的多元供给来源，认为政府、商业部门、家庭和社会组织等主体都具有提供福利服务的职责。从各自角色来看，政府主要负责制定发展规划和政策制度，而福利的具体提供则由市场、家庭和社

会组织等承担。如果单纯由政府作为福利供给主体，则难以满足失能老人多元化和多层次的需求。中国具有强调家庭作用的传统文化和价值，有组织结构严密的社区，有密切互助的邻里关系，它们在失能老人照料服务提供中具有不可替代的作用。福利多元主义对平衡不同福利提供者的作用、避免福利依赖的出现具有指导作用。当前，我国失能老人的照料主要依靠家庭，家庭承担了巨大的照料压力，往往力不从心。那么，基于福利多元主义理论，一方面可以从政府、市场、社区和家庭等福利主体的供给能力出发，深入理解失能老人陷入照料贫困的深层致因；另一方面提醒我们充分认识到家庭可以作为长期照料的基本提供者之一，而国家、市场、社区在长期照料中都不应该缺位，必须将不同的主体联合起来，扬长避短，发挥协同作用，从而避免在失能老人照料服务供给中出现"市场失灵"、"政府失灵"以及"家庭失灵"。

三　照料贫困理论分析框架与应用

当前，我国人口老龄化、高龄化向纵深发展，且在"未富先老"的国情下，与失能老人长期照料相关的护理津贴、照料服务、家庭支持等政策体系尚未完全建立。失能老人面临身体机能衰退、自理能力丧失的内生性风险，同时在家庭照料功能弱化、社会福利分层的外部风险冲击下，失能老人群体成为一个脆弱性较强的群体。他们的长期照料问题已经超越个体和家庭层面成为重要的社会问题。可行能力理论为我们认识失能老人照料问题提供了新的视角。对失能老人而言，除经济贫困之外，健康水平的差异、日常照料的不足都应该被纳入贫困治理的范畴而予以关注，因为照料贫困可以视为老年人经济贫困之外新的服务方面的贫困。对失能老人而言，保障失能期间的生活质量，经济保障和服务保障如"鸟之双翼、车之两轮"，缺一不可。因为服务贫困势必会对失能老人的生活质量和健康状况产生负向影响。

国外关于失能老人的长期照料需求满足问题研究较早，并且认为针对失能老人的照料"不仅仅是获得，而是要确保满足"。所以，在研究实践中，未满足的需求概念得到不断演化。针对未满足的需求的研究发轫于对老年人失能问题的评估。最开始用于对失能问题进行评估的模型是疾病诊断模型，即主要根据各类疾病的验前概率和条件概率进行估算，后期发展逐渐实现了向功能障碍模型的转变。和疾病诊断模型相比，功能障碍模型进一步明确了功能障碍在器官损伤和失能之间的中介效应，从而深化了对失能与病变二者之间关系的理解。随着研究的深入，学者们对功能障碍模型又进行了改进和拓展，把功能丧失和老年照料需求的关系纳入了扩展模型，并且经过推导认为老年人自理能力丧失和正式服务援助之间并非线性关系，失能并非必然带来正式照料服务的增加。因失能产生的照料服务需求转化为正式照料服务的使用中间受到失能老人自身的服务使用意愿、家庭决策、污名化乃至社会支持可获得性等中介变量的制约。因此，他们认为家庭照料对理解未满足的需求具有重要作用，因为只有当家庭供给能力受限，提供的非正式照料服务难以满足老人需求时，失能老人及其家庭才可能会引入外界正式的照料服务援助（曹杨，2017a）。同时，为了进一步清晰地捕捉具有正式社会养老服务援助需求的失能老人群体，Patrick 和 Peach 又进一步提出了未满足的需求概念，并将之定义为失能老人的照料需求不能被当前家庭的照料援助所满足的需求（Patrick & Peach, 1989）。同时，也有研究在未满足的需求群体基础上进行了细致区分，如将得到部分照料援助的失能老人和根本得不到服务援助或援助无效的失能老人进行了划分（Newcomer et al., 2005）。所以从广义上看包括完全未满足的需求和部分未满足的需求，前者是狭义的未满足的需求，指需要照料但却无人照料或照料无效，后者指有人照料但却无法完全满足其需求（Desai et al., 2001）。Allen 等（2014）在以往研究的基础上构建了由疾病向未满足的需求转变的路径模型，模型中是否有足够的家庭援助服务对于需求满足状况和外界援助需求都发挥了重要的调节作用。但是，遗憾的是该模型并未充分关注照料不足对后续健康风险的传导效应。该模型的逻辑链条在对失能老人健康后果的关注方面是缺失的。而前文的文献综述部分已经展示失能老人因照料需求未满足又会进一步遭受不良健康后果。

本研究引入"照料贫困"概念,并希望从需求满足端对失能老人的照料需求满足问题进行概念总结和理论解释。照料贫困概念和未满足的需求概念本质上没有区别,都是表达失能老人照料需求没有得到满足的一种服务贫困的状态。但本书之所以没有使用未满足的需求概念,是因为笔者认为目前引入的照料贫困概念在表示照料服务匮乏方面更为明确,同时希望基于中国的现实情况对照料贫困这一经济贫困之外的服务贫困现象进行深度解释和理论总结,试图为分析失能老人长期照料问题提供新的视角和工具。因此,在国外针对失能老人照料需求未满足的分析框架基础之上,构建照料贫困理论分析框架,从而为本书的研究提供指引。本部分构建的这个理论框架将建基于 Allen 的未满足的需求模型,在此基础上进一步纳入对健康后果的分析,以此构建完整的照料贫困理论分析链条。在前人研究的基础上构建的照料贫困理论分析框架如图 2-1 所示。

在人口老龄化和高龄化的背景下,失能老人因面临"失能"和"年老"双重风险,比一般老人更容易受到风险压迫,从而陷入照料贫困。但是,我们必须考虑到失能老人群体内部也是分化的,不能一概而论,并不是所有的失能老人群体都需要外界社会化的照料服务援助。当前,政府在制定失能老人政策时,多是将其看作一个整体,因失能老人总体规模极其庞大,所以,按照总体规模进行的养老服务基础设施规划和供给往往出现供大于求的局面。

通过识别照料贫困的失能老人,可以进一步突出重点,挖掘社区居家养老服务的潜在需求对象。而照料贫困失能老人的识别为重点突破提供了可能。基于可行能力的发展观来看待照料贫困问题,提醒我们照料贫困是因为失能老人缺乏改变生存状况、抵御照料缺失风险的"能力"。当失能老人缺乏能力,不能将自己需要的产品和服务转化为对个人有价值或者有效用的功能时,就需要通过外界援助和社会政策支持来加强。而如果社会政策缺位,不能有效介入失能老人的照料困境,那么照料贫困的发生又可能进一步传导到失能老人自身,使得原本就处于弱势状态的境况进

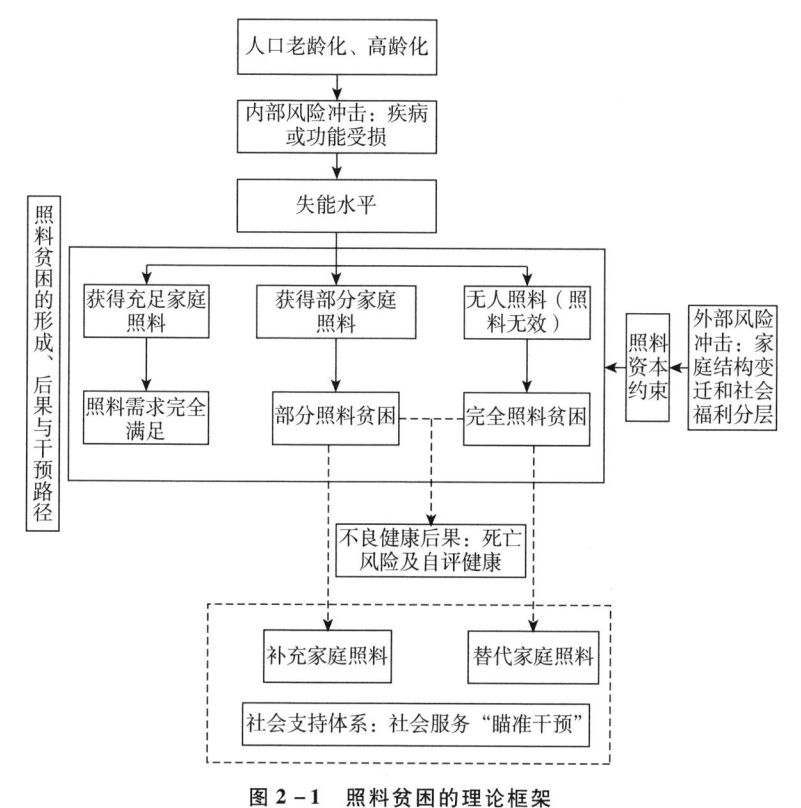

```
照料贫困的形成、后果与干预路径

         人口老龄化、高龄化
                │
                ▼
         内部风险冲击：疾病
              或功能受损
                │
                ▼
           失能水平
     ┌──────────┼──────────┐
     ▼          ▼          ▼
 获得充足家庭  获得部分家庭  无人照料（照      ┌─外部风险
    照料         照料       料无效）        │ 冲击：家
     │          │          │      照料资本│ 庭结构变
     ▼          ▼          ▼      约束   │ 迁和社会
 照料需求完全  部分照料贫困  完全照料贫困    │ 福利分层
    满足         ╎          │            └─
                 ╎          │
                 ▼          ▼
              不良健康后果：死亡
                风险及自评健康
     ┌───────────┼───────────┐
     ▼                       ▼
 补充家庭照料            替代家庭照料
 ─────────────────────────────────
 社会支持体系：社会服务"瞄准干预"
```

图 2-1 照料贫困的理论框架

一步恶化，导致更为负面的健康后果，承受更高的健康风险。

从理论上而言，在当前人口老龄化、高龄化快速推进，失能老人规模庞大，而社会养老服务建设比较薄弱的背景下，构建失能老人长期照料服务保障制度时要进行"目标定位"。第一，要识别确定最有长期照料服务需求的人，即"目标定位"的选择性；第二，如何将有限的资源用于最需要长期照料服务的人身上，即"选择性政策"的延续与发展。由于社会资源的稀缺性和国家的财政约束，国家往往通过缩小受益人范围以减少福利支出（尼尔·吉尔伯特，2004）。而本书关于失能老人照料贫困问题的研究则可以在长期照料社会支持体系构建初期，为政策的目标定位提供基础信息和为政策干预提供理论依据。

未来随着我国社会现代化和人口城镇化的快速推进，加之人口年龄结构快速老化,家庭代际支持功能弱化,传统的家庭养老观念和能力必然会受到社会经济结构变迁的冲击。同时,随着失能老人规模的快速膨胀,对外界正式的社会支持的需求也会不断放大。但是,现阶段失能老人仍然主要通过家庭获取照料服务,所以建立长期照料服务保障制度的目的不在于取代个人家庭功能,而在于补充或协助家庭照料功能的发挥,使主、客观上愿意并且能够在家接受照料的失能老人采取居家照料的形式,获取充足的长期照料服务。那么,为实现这个目标,构建长期照料社会支持体系至关重要。

小　结

本章主要聚焦于照料贫困概念,意图在实证分析照料贫困问题之前对引入的这个核心概念进行解释。该部分主要从概念阐释、实证测量以及理论分析框架三个方面详细介绍了这一概念体系。

一是从贫困的概念入手,梳理了贫困这一概念的变迁及拓展,引出经济视角下的收入贫困和非经济视角下的能力贫困、多维贫困以及社会贫困等理论。同时,结合国外未满足的需求的研究,明确了照料贫困的概念内涵和外延,界定了照料贫困、部分照料贫困以及完全照料贫困等研究中的关键子概念。

二是结合已有国外研究和所使用的中国老年人健康长寿影响因素调查数据中关于失能老人照料获得和需求满足状况的自我报告内容,围绕照料贫困进行了实证测量。同时,构造了可以衡量不同性别、区域、城乡等群体特征差异以及整体失能老人照料贫困状况的"照料贫困发生率"这一测量指标。

三是详细介绍了用于分析照料贫困问题的基础理论,分别围绕可行能力理论、社会支持理论和福利多元主义理论进行分析,总结了各个基础理论对分析照料贫困问题所带来的启示。同时,基于这些理论和国外的由疾病向未满足的需求转变的路径模型构建了照料贫困理论分析框架,呈现了照料贫困的形成、后果及干预路径,从而为本研究的开展奠定了坚实的理论基础。

第三章　失能老人照料贫困问题的现实表征及差异

本研究重点关注与失能老人生活质量息息相关的问题——照料贫困问题。而本章则侧重于对照料贫困的现实表征进行分析，意图为深入、全面地认识失能老人的照料贫困问题提供直观的基础信息。在具体研究中，首先，将围绕失能老人的基本现状、基本需求和长期照料服务获得状况进行描述分析，从而了解失能老人的群体概况和基本照料现状。其次，测量失能老人的需求满足状况及程度，识别陷入照料贫困人群的基本现状，比较不同照料贫困人群的特征差异。同时，为更加清晰地呈现我国失能老人照料贫困的概况，本章将进一步利用"照料贫困发生率"指标，衡量整体照料服务供给效果，并且从城乡差异角度切入，比较城乡失能老人的照料贫困差异。最后，对失能老人照料贫困问题进行初步的理论总结，即在描述分析的基础之上，概括失能老人照料贫困的主要特征和基本类型，对失能老人照料贫困问题进行基本判断。本章使用的数据资料主要是北京大学中国老龄健康与家庭研究中心发布的 2014 年中国老年人健康长寿影响因素调查（CLHLS）数据，本次调查最终获得个人有效问卷 7107 份。根据本书的研究目的，首先删除了在 6 项生活自理能力问题上填写不完整的个案，同时剔除了 198 位住在养老院的调查对象，至此进入分析的有效样本为 6320 位 65 周岁及以上的老年人。根据前文对失能老人、长期照料对象和照料贫困的定义，筛选 6 项生活自理能力中至少一项不能自理且需要他人照料时间在 90 天及以上的样本并剔除在照料需求满足状况上填写不完整的个案，通过筛选，最终获取需要长期照料的居家失能老人样本 1205 人。

一 失能老人的基本特征及长期照料现状

(一) 失能老人的失能程度及失能项目分布

老年人的躯体功能状况是衡量老年照料需求的基础,因为老年人的躯体健康与否,基本决定其对照料服务使用的程度。而老年躯体健康水平一般用老年日常生活自理能力来考察。日常生活自理能力是指老年人独立生活的能力,多用基础性日常生活活动能力衡量。本书采用国际上通用的基础性日常生活活动能力(ADL)量表测量老年人的日常生活自理能力情况。CLHLS 问卷从洗澡、穿衣、上厕所、室内活动、控制大小便、吃饭六项日常生活自理能力是否有困难来评价老年人基础性日常生活活动能力。①本书在研究中遵照失能的项目数来划分四类生活自理能力等级:生活完全自理(0 项存在困难)、轻度失能(1~2 项存在困难)、中度失能(3~4 项存在困难)、重度失能(5~6 项存在困难)。

1. 失能老人的失能程度分布及差异

失能程度是衡量老年人是否有照料服务需求以及需求强度的重要基础。从表 3-1 中可以看出我国失能老人的失能程度分布以及不同户籍、性别及年龄特征中的失能程度分布。

第一,整体来看,轻度失能老人占失能老人总体的比重为 51.37%,也就是说,一半以上的失能老人面临 1~2 项基本生活自理能力丧失而需要外界照料援助;中度失能老人占失能老人总体

---

① 事实上,中国老年人健康长寿影响因素调查(CLHLS)还设置了 8 项内容(包括能否独自到邻居家串门、独自外出买东西、独自做饭、独自洗衣服、连续走 1 公里路、提起大约 5 公斤重的物品、连续蹲下站起 3 次、独自乘坐公共交通工具)来考察老年人的工具性日常生活活动能力(IADL, Instrument Ability of Daily Life)。工具性日常生活活动能力是老年人能够完成基本的社会性、参与性活动所需的能力,但由于该种能力需求的可控性和间断性,对 IADL 受损而 ADL 仍然完好的老年人而言,其可以借助预约服务的支持实现独立生活。而且,与 IADL 受损的老年人相比,ADL 受损的老年人群对照护服务的需求更为迫切。因此,本书未将 IADL 状况纳入老年人失能与否的判断标准。

的比重较小,有 19.50% 的失能老人面临 3~4 项基本生活自理能力受损;将近 1/3 的失能老人表现为重度失能,重度失能意味着身体机能多项功能交叉受损,完全丧失了生活自理能力,需要外界提供全方位、持续性的照料服务援助。

表 3-1 居家失能老人的失能程度状况

单位:%

失能程度	总样本	城乡		性别		年龄		
		农村	城镇	女性	男性	65~74 岁	75~84 岁	85 岁及以上
轻度失能	51.37	48.60	54.39	48.99	56.25	61.54	64.77	48.46
中度失能	19.50	21.65	17.25	20.08	18.27	17.95	12.95	20.80
重度失能	29.13	29.75	28.36	30.93	25.48	20.51	22.28	30.74
合计	100	100	100	100	100	100	100	100

资料来源:根据 2014 年中国老年人健康长寿影响因素调查 (CLHLS) 数据整理得出。

第二,不同人口学属性失能老人的失能程度分布存在一定差异。从城乡差异来看,城镇失能老人中轻度失能的老人所占比重较高,农村中度和重度失能的老人占比高于城镇。换句话说,农村老人的失能程度要比城镇老人严重。正如前文提到的第四次城乡老年人生活状况抽样调查数据显示的一样,农村完全失能的老年人数量约是城镇的两倍。从性别差异来看,男性老人的自理程度高于女性老人。男性老人中轻度失能所占比重较高,中度失能和重度失能的比例分别比女性老人低约 2 个百分点和 5 个百分点。年龄与身体机能受损往往存在叠加效应,年龄越大,重度失能的比例越高。老年人出现失能多是身体器官老化或慢性病导致,相比其他年龄段的失能群体,往往有着更为严重的残障程度,而且完全康复的概率较小。尤其是高龄重度失能老人,更需要全面、细致的照料服务。为此,构建失能老人长期照料服务保障体系,确保失能老人晚年过上有尊严、高质量的生活具有现实紧迫性。

2. 失能老人的失能项目分布及差异

日常生活自理能力是老年人维持基本生活的能力,其中的某些能力如果受损或者丧失，则意味着老年人将难以维系独立生活的状态，这时就需要外界力量提供必要的照料或支持。下面将基于失能老人功能丧失的具体项目，分析其生活自理情况，进而窥探长期照料服务的需求概况。

如表3-2所示，在调查的6项日常生活自理能力中，吃饭需要帮助的比例为29.79%，相对其他项目需要帮助的比例较低；洗澡需要帮助的比例最大，能够自理的程度最低，有91.86%的失能老人报告了洗澡时需要外界援助。而穿衣、上厕所和室内活动方面报告需要帮助的比例分别为48.82%、49.90%和44.86%。此外，约有25.76%的失能老人面临大小便失禁的困境，大小便失禁是相对比较严重的身体功能障碍，需要外界援助的程度较强、难度较大。

而从城乡差异方面来看，农村失能老人在穿衣、洗澡、上厕所、室内活动四个方面需要帮助的比例明显高于城镇失能老人，在吃饭和控制大小便方面需要帮助的比例和城镇失能老人差别不大；从性别差异方面来看，女性失能老人在吃饭、穿衣、洗澡、上厕所和室内活动五项日常生活自理能力项目中需要帮助的比例要高于男性失能老人，在控制大小便方面要低于男性失能老人；从年龄差异方面来看，高龄失能老人在6项日常生活自理能力中需要帮助的比例普遍高于中低龄失能老人，高龄失能老人的身体机能下降明显，自理能力较弱。

表3-2 失能老人日常生活自理能力中需要帮助的项目

单位：%

项目	总样本	城乡		性别		年龄		
		农村	城镇	女性	男性	65~74岁	75~84岁	85岁及以上
吃饭	29.79	30.33	29.28	30.63	28.24	21.15	20.40	32.15
穿衣	48.82	50.97	46.80	50.26	46.18	38.46	38.40	51.48
洗澡	91.86	92.52	91.24	93.04	89.69	84.62	83.20	94.01
上厕所	49.90	53.60	46.41	53.69	42.94	42.31	36.80	53.00
室内活动	44.86	47.37	42.48	49.22	36.83	34.62	34.00	47.59
控制大小便	25.76	25.35	26.14	24.71	27.67	22.92	24.80	25.91

资料来源：根据2014年中国老年人健康长寿影响因素调查（CLHLS）数据整理得出。

综上可见，一方面，随着人口老龄化、高龄化程度的加深，人口寿命不断延长，老年期失能风险也在逐步加大；另一方面，随着社会经济发展水平提高，失能老人的养老需求不单单是追求经济保障，对高质量的生活照料服务也具有强烈的需求。同时，失能老人在内部经济条件、失能等级等方面呈现多元化特征，所以他们在不同项目上的需求存在明显的差异，这也意味着针对失能老人的长期照料服务供给内容只有实现多元化，才能更好地满足失能老人的个性化需求。

（二）失能老人的长期照料资源分布及照料者的表现

1. 失能老人长期照料资源分布概况

长期照料服务是代偿失能老人功能丧失，帮助其维持基本生活自理能力的一种服务保障。本研究基于问卷中失能老人的"居住方式"和"生活不能自理时，谁是主要帮助者"两个问题，将照料服务获得分为两种类型：家庭照料和社区居家照料。① 其中，家庭照料是指由配偶、子女、亲属以及邻里朋友等提供的非正式的、无偿的照料服务，其不同于市场主体提供的有偿的、正式的社会化照料服务；社区居家照料是指失能老人依然居住在熟悉的家中，而所需的照料服务主要是由保姆或社区服务机构提供的有偿照料服务。在我国，家庭一直是老年照料的首要提供者，一般只有当家庭照料不足或者缺位时才会寻求社会化照料服务来补充或替代家庭照料（孙鹃娟、冀云，2017）。基于数据发现，具有长期照料需求的失能老人中有95.65%的人都获得了长期照料服务。但是，约有4.32%的失能老人无人提供有效的照料，他们主要依赖自我照料维持低水平的存活，难以获得较高的生活质量。这类群体也是本研究重点关注的完全照料贫困群体。

从表3-3可以看出获得长期照料服务的失能老人的照料资源分布概况，家庭依然是失能老人的主要照料资源，其中配偶和子

---

① 根据本书的研究需要，没有考虑居住在养老院的失能老人，对此前文已做出说明。

女在基本生活照料服务中占据主导地位。血缘和姻缘依然发挥核心作用，这也符合中国传统社会人际关系差序格局的分布。失能老人通过社区居家照料获得照料服务的比重不高，仅有2.20%的失能老人的主要照料提供者是保姆或社区服务。

表3-3 失能老人的长期照料资源分布

单位:%

照料来源		总体	城乡		性别		年龄		
			农村	城镇	女性	男性	65~74岁	75~84岁	85岁及以上
家庭照料	配偶	14.29	13.07	15.53	4.95	32.97	53.13	42.77	7.61
	儿子	35.35	38.29	32.35	31.59	42.86	31.25	19.28	38.48
	儿媳	19.05	21.05	17.01	25.14	6.87	6.25	12.65	20.69
	女儿	19.05	16.15	22.00	24.18	8.79	6.25	18.67	19.57
	儿子和女儿合作	4.40	5.26	3.51	4.81	3.57	3.13	2.41	4.81
	其他亲属	5.68	5.08	6.28	7.01	3.02	0	1.81	6.60
社区居家照料	保姆或社区服务	2.20	1.09	3.33	2.34	1.92	0	2.41	2.24

资料来源：根据2014年中国老年人健康长寿影响因素调查（CLHLS）数据整理得出。

具体来看，失能老人的长期照料资源分布存在明显的群体差异。从城乡差异方面来看，家庭照料是城乡失能老人的照料主体，但具体来源存在差异。在农村失能老人中，儿子（38.29%）和儿媳（21.05%）是主要照料者；在城镇失能老人中，女儿作为主要照料者的比例高于农村，这反映城镇老人养老中，女儿承担更多的养老责任。同时，城镇失能老人使用社区居家照料服务的比例高于农村失能老人。从性别差异方面来看，女性失能老人的主要照料者是子女，配偶作为主要照料者的仅占4.95%；而对男性失能老人，配偶作为主要照料者占比达到32.97%。之所以如此，一方面可能是因为家庭内部劳动分工存在性别差异,在照料责任承担方面,女性会比男性承担更多,当男性老人因躯体障碍丧失自理能力后,女性配偶会理所当然地承担照料责任;另一方面可能是因为女性的平均预期寿命高于男性,很多高龄女性失能老人是丧偶的状态,其照料责任只能多由子女承担。同时,女性失能老人中使用社区居家照料服务的比例也高于男性失能老人。从年龄特征方面来看,伴随年龄的增加,配偶作为失能老人主要照顾者的比例不断下降,子女作为主要照料者的比例不断上升。这说明,随着失能老人年龄增大,配偶在照料服务供给中逐渐力不从心,照料责任不断由年轻的子女替代。同时,值得关注的是,随着失能老人年龄的增长,女儿承担照料服务供给的比例不断增加,儿子和女儿在照料服务中的"共同责任"比较明显。

2. 失能老人照料提供者的照料表现

表3-4中的分析结果呈现了失能老人总体及不同程度失能老人的主要照料者在照料过程中的表现。无论是总体还是不同程度的失能老人,认为子女等照料者在照料过程中"愿意"的比例较高,基本都在90%左右。总体来看,照料者在照料过程中表现出"不耐烦或不情愿"的比例较低,占2.60%,这类照料往往是无效照料。此外,由于客观原因表现出"力不从心"的比例相对较高,有4.33%的照料者在照料过程中力不从心。

表3-4 总体及不同程度失能老人主要照料者的照料表现状况

单位:%

	愿意	不耐烦或不情愿	力不从心
失能老人	93.08	2.60	4.33
轻度失能	96.59	2.00	1.40
中度失能	91.48	3.59	4.93
重度失能	88.68	2.83	8.49

资料来源:根据2014年中国老年人健康长寿影响因素调查(CLHLS)数据整理得出。

但是,从失能程度与照料表现的交叉分析中可以进一步看出一些不太乐观的情况,即随着老人失能程度的提高和失能时间的延长,虽然大部分照料者愿意在日常生活中照料失能老人,但是子女对失能老人的照料意愿在不断下降。数据显示,重度失能老人的照料者在照料过程中表现出"愿意"的比例相比轻度失能老人下降了约8个百分点。在照料过程中表现出"不耐烦或不情愿"以及"力不从心"的比例均有一定程度增加。尤其是随着失能程度提高,照料者表现出"力不从心"的比例增加幅度明显。重度失能老人的照料者表现出"力不从心"的比例是轻度失能老人照料者的6倍多。

通过对失能老人主要照料者的照料表现的描述可以发现,伴随失能老人因失能程度的增加导致的"照料时间延长和照料等级提升"的现实需求,虽然子女等家庭照料者主观上并不排斥照料丧失自理能力的老年父母,然而由于长时间、不间断的照料过程会耗费较多的时间成本、物质成本和机会成本,外加照料者本身缺乏专业的实践训练,缺乏照料知识和技能以及在持续的服务供给过程中不能很好地获得"喘息"服务的协助,很可能会陷入"力不从心"和"资源匮乏"的照料困境。

(三) 失能老人长期照料费用及主要来源

失能老人因为丧失部分或全部基本生活自理能力,需要外界提供服务援助来代偿功能丧失,从而获得一定生活质量的可行能力,这必然会产生一定的人工和物品等直接的照料费用。那么,对失能老人家庭而言,长期照料服务的花费以及费用来源是一种什么情况呢?

表3-5呈现了失能老人长期照料费用以及占家庭收入的比重状况。据表可知,失能老人周均长期照料费用为273.1元,从照料费用占失能老人家庭收入的比重来看,因失能所产生的照料费用占家庭每周平均收入的44.1%。可见,失能老人家庭需要更多的收入去获取照料服务,才能实现和别人相同的功能性活动。这表明,失能老人因可行能力被剥夺而产生的照料贫困,在一定程度上可能比在收入空间表现出来的贫困更加严重。同时,如果考虑

到大部分失能老人通过家庭成员获得照料，一般是子女通过闲暇时间或者减少工作时间提供照料服务，那么还有更多的隐性成本和机会成本产生。故而，由于家庭照料无偿，且不计入家庭支出，在一定程度上又拉低了统计出来的显性照料成本。

表 3-5 失能老人长期照料费用及占家庭收入比重

单位：元，%

家庭周平均收入	近一周照顾收入	照料费用占收入比重
619.2	273.1	44.1

资料来源：根据 2014 年中国老年人健康长寿影响因素调查（CLHLS）数据整理得出。

从失能老人的长期照料费用主要来源来看，其照料费用支付来源相对比较单一。表 3-6 显示，只有约 16% 的失能老人依靠自己以及配偶支付长期照料费用，这表明绝大部分失能老人不能通过自己的收入来获得持续的服务保障。有 75.28% 的失能老人长期照料费用主要来源于子女或其配偶，即大部分失能老人通过子女获得照料服务的同时，照料费用也主要由子女承担。然而，如果失能老人主要依靠子女的经济支持，那么其对长期照料的形式和内容的选择在很大程度上将受到子女本身的经济状况以及对老人资助水平的约束。由于长期照料的持续性，将会给子女和家庭带来沉重的负担。此外，有 1.64% 的失能老人长期照料费用的主要来源是国家或集体，这部分一般是五保老人，所占比重不大。

表 3-6 失能老人长期照料费用来源

单位：%

照料费用来源	比例
自己	13.24
配偶	2.65
子女或其配偶	75.28
孙子女或其配偶	5.04

续表

照料费用来源	比例
国家或集体	1.64
其他	2.15

资料来源：根据 2014 年中国老年人健康长寿影响因素调查（CLHLS）数据整理得出。

二 失能老人照料贫困问题的现状及差异分析

（一）失能老人照料贫困问题的基本现状

失能老人的照料需求满足状况的评估是失能老人照料服务链条上的重要一环。单纯的照料服务供给仅仅是手段，失能老人的照料需求得到完全满足才是目的。通过数据分析可以发现，失能老人群体的照料需求满足状况整体来看是比较分化的。这部分的分析结果，将对以往研究结果中提出的"失能老人照料需求往往得不到满足"的基本判断，做出进一步的补充。基于失能老人长期照料需求的满足状况及满足程度，可以将失能老人划分为不同属性的子群体。从狭义上看，可以按照照料需求满足状况将失能老人分为照料需求完全满足组和照料贫困组；从广义上看，可以按照照料需求满足程度将失能老人划分为照料需求完全满足组、部分照料贫困组和完全照料贫困组。从表 3-7 显示的失能老人总体以及不同程度失能老人的照料需求满足程度的基本现状来看，不难发现如下特点。

第一，失能老人长期照料需求满足水平不高，照料贫困发生率较高，照料贫困问题具有一定的普遍性。数据显示，有 41.16% 的失能老人长期照料需求得到完全满足；有 54.52% 的失能老人因照料不足，陷入部分照料贫困；4.32% 的失能老人因无人提供有效照料，陷入完全照料贫困。由此可知，全国有超过一半的居家失能老人虽然有人提供照料服务，但是所需的照料需求并不能完全得到满足，从而面临部分照料贫困的困境。此外，值得重点关注的是还有近5%的居家失能老人面临无人提供有效照料的困境，他们的照料需求完全得不到满足，只能依靠自我照料维持较低水平的生活质量。

表 3-7 失能老人照料贫困的基本现状

单位：%

类型	照料需求完全满足	部分照料贫困	完全照料贫困
总体：失能老人	41.16	54.52	4.32
其中：轻度失能	44.43	51.37	4.20
中度失能	38.72	59.57	1.70
重度失能	37.04	56.70	6.27

资料来源：根据2014年中国老年人健康长寿影响因素调查（CLHLS）数据整理得出。

第二，失能老人群体照料需求满足程度存在分化，不同失能程度的失能老人照料贫困发生率存在差异。数据显示，轻度失能老人长期照料需求完全满足的比例相对较高，达到44.43%，而中度失能老人和重度失能老人的长期照料需求满足的比例则相对较低，分别为38.72%和37.04%；从部分照料贫困指标来看，轻度失能老人陷入部分照料贫困的比例为51.37%，而中度和重度失能老人陷入部分照料贫困的比例分别达到59.57%和56.70%，可见中度和重度失能老人的照料服务大部分局限在"获得"层面，距离"满足"层面还有一定的差距。从完全照料贫困指标来看，有4.20%的轻度失能老人和1.70%的中度失能老人陷入完全照料贫困的困境，有6.27%的重度失能老人没有获得外界提供的有效的照料服务，陷入完全照料贫困的困境。

以上从整体层面呈现了失能老人的照料贫困状况，通过描述分析发现失能老人的照料需求满足水平不高，照料贫困问题具有普遍性。这一方面表明基于微观层面关注失能老人的照料需求满足状况具有现实必要性，另一方面也表明国外的照料服务理念转向即失能老人的照料服务"不仅仅是获得，要确保从获得走向满足"的可取之处。这启示我们，在处理失能老人照料服务问题时，要避免两个认识误区：一是只要从政策层面加强失能老人的养老服务供给，就能满足他们的照料服务需求；二是只要有人提供家庭照料服务，他们的照料服务需求就能得到满足。故而，我们要进一步细化对失能老人照料需求问题的理解。下面将进一步从不同人口和社会属性特征分析失能老人的照料需求满足状况，考察不同特征失能老人照料贫困问题的差异。

（二）不同特征失能老人群体照料贫困的差异性

我国的失能老人数量众多，并且在社会人口特征方面存在较大差异，是一个异质性较强的群体。不同特征之间的失能老人在照料需求满足程度方面也存在一定的差异。表3-8针对城乡、性别、年龄、婚姻状况、区域、居住类型等不同社会人口特征的失能老人的照料需求满足状况进行了比较，可以发现在失能老人内部的不同群体之间，照料贫困发生率存在较大的差异，具体分析如下。

1. 不同人口学特征失能老人的照料贫困发生率差异

第一，从城乡方面来看，农村失能老人相比城镇失能老人陷入照料贫困的比例更高。数据显示，城乡失能老人在照料需求满足方面存在明显差异，农村失能老人照料需求得到完全满足的比例较城镇失能老人低约8个百分点。有57.88%的农村失能老人陷入了部分照料贫困，城镇有51.16%的失能老人陷入部分照料贫困，农村比城镇高出约7个百分点。同时，农村失能老人陷入完全照料贫困的比例达到4.98%，而城镇为3.65%。也就是说，农村失能老人中无人提供有效照料的比例比城镇失能老人高约1个百分点。可见，从整体来看，农村失能老人的长期照料问题相比城镇失能老人更为严重。

第二，从性别方面来看，男性失能老人相比女性失能老人陷入照料贫困的比例更高。数据显示，男性失能老人和女性失能老人在照料需求满足程度方面不存在显著差异，但是男性失能老人陷入照料贫困的比例要高于女性失能老人约4个百分点。同时，男性失能老人陷入完全照料贫困的比例比女性失能老人高约2个百分点。由此可见，男性失能老人的照料贫困问题相比女性失能老人更为严重。

第三，从年龄方面来看，不同年龄组失能老人的照料贫困发生率存在显著差异，低龄失能老人相比中高龄失能老人陷入照料贫困的比例更高。75~84岁组和85岁及以上组的失能老人中照料需求完全满足的比例分别比65~74岁组的低龄失能老人高出约14个百分点和17个百分点。从部分照料贫困指标来看，65~74岁组失能老人陷入部分照料贫困的比例达到64.10%，明显高于中高龄失能老人组。就完全照料贫困指标而言，低龄和中龄失能老人的照料状况堪忧，分别有10.26%和9.33%的65~74岁组和75~84岁组失能老人陷入完全照料贫困，是85岁及以上高龄老人组完全照料贫困发生率的3倍左右。

第四，从婚姻状况方面来看，不同婚姻状况的失能老人的照料需求满足状况之间不存在显著差异。有配偶和无配偶的失能老人照料需求完全满足的比例基本相同。主要的区别在于无配偶的失能老人更可能因缺乏配偶照料而陷入完全照料贫困的困境。数据显示，有配偶的失能老人陷入部分照料贫困的比例比无配偶的失能老人高约4个百分点。但是，无配偶的失能老人陷入完全照料贫困的比例比有配偶的失能老人要高出3.5个百分点。

第五，从区域方面来看，失能老人的长期照料需求满足状况存在显著的区域差异，中西部的失能老人与东部的失能老人相比较，陷入照料贫困的比例更高。数据显示，46.48%的东部失能老人的照料需求完全得到满足，而中部和西部失能老人照料需求得到完全满足的比例分别仅为34.50%和36.16%。不同区域失能老人的照料贫困发生率存在显著差异，东部失能老人照料贫困的发生率约为53%，相比中部和西部失能老人的照料贫困发生率分别低12个百分点和10个百分点。此外，东部完全照料贫困发生率较低，中部完全照料贫困发生率为3.80%，而西部地区失能老人的完全照料贫困发生率则达到9.82%。可见，从区域层面而言，中西部失能老人的长期照料问题在政策层面应该受到重点关注。

表 3-8 不同社会人口特征失能老人的照料贫困分布状况

单位：%

特征	属性	照料需求完全满足	部分照料贫困	完全照料贫困	sig 值
城乡	农村	37.15	57.88	4.98	0.015
	城镇	45.18	51.16	3.65	
性别	女性	42.48	53.86	3.67	0.700
	男性	38.65	55.80	5.56	
年龄	65~74 岁组	25.64	64.10	10.26	0.000
	75~84 岁组	39.38	51.30	9.33	
	85 岁及以上组	42.14	54.78	3.08	
婚姻状况	无配偶	41.72	51.38	6.90	0.003
	有配偶	40.97	55.59	3.43	
区域	东部	46.48	50.86	2.66	0.000
	中部	34.50	61.70	3.80	
	西部	36.16	54.02	9.82	
居住类型	独居	30.25	63.87	5.88	0.008
	与配偶同住	43.13	50.00	6.87	
	与其他亲属同住	42.59	54.17	3.24	
生活来源是否够用	不够用	25.10	62.15	12.75	0.000
	够用	45.54	52.55	1.91	
家庭年收入	10000 元及以下	40.42	52.49	7.09	0.004
	10001~25000 元	36.92	57.48	5.61	
	25001~50000 元	43.89	54.13	1.98	
	50001 元及以上	45.79	52.38	1.83	

资料来源：根据 2014 年中国老年人健康长寿影响因素调查（CLHLS）数据整理得出。

2. 不同社会特征失能老人的照料贫困率发生差异

首先，从居住类型方面来看，不同居住类型的失能老人照料需求满足程度存在明显差异，失能老人的居住类型对其能否便捷地获取来自子女的照料至关重要。数据分析表明，独居的失能老人照料贫困发生率明显高于与配偶同住和与其他亲属同住的失能老人。独居的失能老人照料需求完全满足的比例仅为30.25%，陷入部分照料贫困的比例达到63.87%，此外有5.88%的独居老人陷入完全照料贫困的困境。就与配偶同住的失能老人而言，虽然陷入部分照料贫困的比例相对低于独居和与其他亲属同住的失能老人，但是陷入完全照料贫困的比例相对较高。就与其他亲属同住的失能老人而言，虽然有超过一半的失能老人陷入部分照料贫困的困境，但陷入完全照料贫困的比例相对较低。有人提供照料但照料需求没有得到满足和无人提供有效照料之间存在根本的差异，所以针对独居以及与配偶同住的失能老人的照料支持政策和与子女同住的失能老人之间应该区别对待。简言之，在制定失能老人照料支持政策之时，必须考虑老年人居住类型的现状以及变迁。

其次，从生活来源是否够用方面来看，不同经济状况的失能老人的照料需求满足状况存在显著差异。45.54%的生活来源够用的失能老人照料需求得到完全满足，而生活来源不够用的经济困难失能老人照料需求得到完全满足的比例仅为25.10%。对于生活来源不够用的失能老人而言，其陷入部分照料贫困和完全照料贫困的比例分别比生活来源够用的失能老人高出约10个百分点和约11个百分点。

最后，从家庭年收入方面来看，家庭年收入水平越高，失能老人的照料需求满足状况越好。数据显示，家庭年收入在50001元及以上的失能老人照料需求满足率分别比家庭年收入在10000元及以下和10001~25000元的失能老人高出约5个百分点和9个百分点。从完全照料贫困这一指标来看，不同家庭年收入水平的失能老人差异更为明显。家庭年收入在10000元及以下的失能老人，陷入完全照料贫困的比例达到7.09%，约是家庭年收入在50001元及以上失能老人的3倍多。

（三）分城乡不同特征失能老人群体照料贫困的差异分析

长期以来，在户籍制度的区隔下，我国城镇和农村在社会经济发展方面存在巨大的差异。城乡居民在养老金覆盖面及水平、医疗资源获得水平和照料护理资源方面存在较大差距。农村失能老人因较低的收入水平和能力难以负担较高的私人照料等正式照料服务，相比城镇居民，更可能依靠家庭提供照料，所以在日常生活中更可能面临照料贫困的困境。同时，在推进城乡社区养老服务均等化过程中，必须有效厘清城乡失能老人的照料贫困方面的差异。所以，分别对城镇和农村失能老人样本的照料贫困问题进行考察，可以有效识别失能老人在照料贫困问题方面可能存在的城乡差异。此外，照料贫困发生率指标也为我们衡量城乡长期照料服务供给效果提供了参照。

1. 城乡失能老人照料贫困问题的共性

城乡失能老人的照料贫困发生率在年龄、居住类型以及生活来源是否够用方面的差异都比较显著，但是在家庭年收入方面的差异都不显著（见表 3-9 和表 3-10）。

首先，无论城乡，低龄失能老人（65~74 岁组）的照料贫困发生率都高于中龄失能老人（75~84 岁组）和高龄失能老人（85 岁及以上组）。农村各年龄组的部分照料贫困发生率差别不大，但在完全照料贫困发生率方面，中低龄失能老人的完全照料贫困发生率分别约是高龄失能老人的 3 倍和 2 倍，差距比较明显。城镇低龄失能老人部分照料贫困发生率较高，达到 68.18%，分别比中龄失能老人的部分照料贫困发生率和高龄失能老人的部分照料贫困发生率高出约 21 个百分点和 17 个百分点。同时，城镇中低龄失能老人完全照料贫困发生率也明显高于高龄失能老人。

其次，从居住类型方面来看，不管是城镇还是农村，独居的失能老人更容易陷入照料贫困的困境，仅有约 30% 的独居失能老人照料需求得到了完全满足。城乡分别有 2.33% 和 7.89% 的独居失能老人陷入完全照料贫困。这反映出城镇独居的失能老人自理能力整体要好于农村独居的失能老人。无论城乡，与配偶同住的失能老人完全照料贫困发生率相对较高，这表明与配偶同住的失能老人家庭的照料无效问题值得重视。与其他亲属同住的失能老人部分照料贫困发生率较高，陷入完全照料贫困的比例较低。也就是与其他亲属同住的失能老人基本有人提供照料，只是照料服务供给不能完全满足其照料需求。

最后，从生活来源是否够用方面来看，无论城乡，生活来源比较匮乏的失能老人照料贫困发生率均较高。农村生活来源不够用的失能老人照料需求完全满足的比例仅为 18.60%，有 64.34% 的失能老人陷入部分照料贫困，完全照料贫困发生率达到 17.05%。就城市而言，差异相对较小。城镇生活来源不够用的失能老人部分照料贫困发生率比生活来源够用的失能老人高约 12 个百分点，而二者完全照料贫困发生率相差仅约 5 个百分点。

可见，一方面，经济困难和照料人力匮乏的失能老人在照料服务获得方面相比经济充裕和照料人力充裕的失能老人处于弱势，更容易陷入照料贫困；另一方面，城镇失能老人的照料需求满足状况要好于农村失能老人，城乡事实存在的社会福利分层，使得农村失能老人在获取基本公共照料服务方面存在障碍。

2. 城乡失能老人照料贫困问题的差异

农村失能老人的照料贫困发生率在性别、失能程度、区域方面存在显著差异，但城镇失能老人的照料贫困发生率在这几个方面并不存在显著差异（详见表 3-9 和表 3-10）。

第一，就性别而言，农村女性失能老人的照料需求满足状况好于男性，男性失能老人的部分照料贫困发生率和女性失能老人基本相近，但完全照料贫困发生率是女性失能老人的 2.5 倍。城镇地区失能老人照料贫困的性别差异并不显著，但是依然可以看出女性失能老人的整体照料需求满足状况要好于男性。

第二，就失能程度而言，农村失能老人中轻度失能老人的照料贫困发生率较低，约有 62.60% 的中度失能老人和 60.00% 的重度失能老人陷入部分照料贫困，部分照料贫困发生率分别比轻度失能老人高约 8 个百分点和 6 个百分点。农村重度失能老人更容易陷入无人提供有效照料的风险，有 10.00% 的重度失能老人陷入完全照料贫困，完全照料贫困发生率分别约是轻度失能老人和中度失能老人的 3 倍和 4 倍。城镇不同程度的失能老人之间照料贫困发生率没有显著差异，但轻度失能老人陷入无人提供有效照料的风险较高，有 5.20% 的城市轻度失能老人陷入完全照料贫困。

第三，就区域而言，农村失能老人的照料贫困问题在区域分布上的差异尤为显著,失能老人照料贫困发生率呈现"中西高,东部低"的特点。东部农村地区照料贫困发生率最低,部分照料贫困发生率为50.90%,仅有2.10%的失能老人陷入完全照料贫困;中部农村地区部分照料贫困发生率最高,达到69.79%,同时有3.65%的失能老人陷入完全照料贫困的境况;西部农村地区失能老人照料贫困发生率相对较高,部分照料贫困发生率为58.44%,完全照料贫困发生率达到20.78%。城市地区失能老人照料贫困问题则没有显著差异。东部、中部和西部城市失能老人照料贫困发生率都基本在55%左右。

表3-9 农村不同社会人口特征失能老人的照料贫困分布状况

单位:%

特征	属性	照料需求完全满足	部分照料贫困	完全照料贫困	p值
性别	女性	38.35	58.25	3.40	0.030
	男性	34.55	57.07	8.38	
年龄	65~74岁组	29.41	58.82	11.76	0.014
	75~84岁组	33.33	57.14	9.25	
	85岁及以上组	38.05	57.97	3.98	
婚姻状况	无配偶	36.51	56.35	7.14	0.412
	有配偶	37.53	58.21	4.26	
失能程度	轻度失能	42.47	54.45	3.08	0.001
	中度失能	35.11	62.60	2.29	
	重度失能	30.00	60.00	10.00	
区域	东部	47.01	50.90	2.10	0.000
	中部	26.56	69.79	3.65	
	西部	20.78	58.44	20.78	
居住类型	独居	30.26	61.84	7.89	0.016
	与配偶同住	38.18	53.64	8.18	
	与其他亲属同住	38.74	57.84	3.43	
生活来源是否够用	不够用	18.60	64.34	17.05	0.000
	够用	42.61	55.89	1.50	

续表

特征	属性	照料需求完全满足	部分照料贫困	完全照料贫困	p 值
家庭年收入	10000 元及以下	37.02	54.96	8.02	0.107
	10001~25000 元	36.70	59.63	3.67	
	25001~50000 元	39.85	58.65	1.50	
	50001 元及以上	40.48	57.14	2.38	

资料来源：根据 2014 年中国老年人健康长寿影响因素调查（CLHLS）数据整理得出。

表 3-10 城镇不同社会人口特征失能老人的照料贫困分布状况

单位：%

特征	属性	照料需求完全满足	部分照料贫困	完全照料贫困	p 值
性别	女性	46.97	49.08	3.96	0.397
	男性	42.15	54.71	3.14	
年龄	65~74 岁组	22.73	68.18	9.09	0.001
	75~84 岁组	44.04	46.79	9.17	
	85 岁及以上组	46.50	51.38	2.12	
婚姻状况	无配偶	45.73	47.56	6.71	0.043
	有配偶	44.70	52.76	2.53	
失能程度	轻度失能	46.18	48.62	5.20	0.071
	中度失能	43.27	55.77	0.96	
	重度失能	44.44	53.22	2.34	
区域	东部	45.90	50.82	3.28	0.988
	中部	44.67	51.33	4.00	
	西部	44.22	51.70	4.08	
居住类型	独居	30.23	67.44	2.33	0.001
	与配偶同住	46.71	47.37	5.92	
	与其他亲属同住	46.58	50.38	3.04	
生活来源是否够用	不够用	35.42	58.33	6.25	0.002
	够用	51.82	46.50	1.68	

续表

特征	属性	照料需求完全满足	部分照料贫困	完全照料贫困	p 值
家庭年收入	10000 元及以下	47.90	47.06	5.04	0.085
	10001~25000 元	37.14	55.24	7.62	
	25001~50000 元	47.06	50.59	2.35	
	50001 元及以上	48.15	50.26	1.59	

资料来源：根据 2014 年中国老年人健康长寿影响因素调查（CLHLS）数据整理得出。

三 失能老人照料贫困的特征总结与类型划分

（一）失能老人照料贫困问题的基本判断

基于上文的数据分析，详细呈现了失能老人照料贫困问题的基本面貌，据此可以有效认识当前我国照料贫困问题的普遍性和差异性。失能老人群体是老年人群体中一个比较特殊的子群体，在日常生活中其必须依靠外界的服务援助来代偿某项（些）功能丧失才能维持基本生活质量。所以，充足有效的长期照料服务对失能老人而言意义重大，不可或缺。而照料贫困恰恰是在人口老龄化、高龄化背景下失能老人经济贫困之外的又一重大的、新型的挑战。当前，照料贫困问题已经较为严重，必须对此有一些基本的认识。

1. 城乡失能老人的照料贫困问题具有一定的普遍性

研究发现，在当前人口老龄化、高龄化演进的背景下，失能老人的照料贫困问题具有普遍性。当前，虽然绝大部分失能老人都"获得"了长期照料服务，但是大部分失能老人的照料需求并没得到完全满足。从照料贫困发生率指标测度来看，全国约有 41.16% 的失能老人照料需求得到完全满足，超过一半的失能老人陷入了部分照料贫困，还有约 5% 的失能老人陷入完全照料贫困，只能依靠自我照料维持低水平的存活。同时，农村地区尤其是中西部农村地区以及经济困难失能老人的照料贫困发生率更是高于总体水平。整体来看，相当一部分失能老人的照料服务仍然仅仅停留在"获得"层面，距离"满足"层面还有一定的差距，甚至部分失能老人没有获得照料服务援助。这些事实在一定程度上表明当前我国失能老人的照料贫困问题较为严重。

2. 城乡失能老人照料贫困的发生具有明显的差异性

失能老人群体是一个总量较大并且内部特征呈现明显分化的群体，失能老人之间的社会经济地位、家庭资源禀赋以及所处的社会福利环境存在较大的差异。这也决定了不同群体特征的失能老人在照料资本方面存在较大的差异。由于照料资本决定了失能老人的照料资源的可获得性，故而失能老人照料贫困的发生也体现出明显的差异性。这种差异性可以从两个方面呈现：一是群体特征的差异性；二是照料贫困程度的差异性。首先，就群体特征的差异性方面而言，不同性别、年龄、区域、城乡、居住类型以及经济状况的失能老人在照料贫困方面表现出了区别。如男性相比女性、低龄相比高龄、中西部相比东部、农村相比城镇、独居相比和子女同住、贫困相比富裕的失能老人更容易陷入照料贫困的困境。尽管如此，这并不能表明这些子群体的健康状况更加堪忧，而是在一定程度上反映这些群体在能够获取的照料资源方面更为匮乏，受到更多约束。同时，中国失能老人照料贫困的发生有着明显的城乡、性别、区域等差异，这使得公共政策的干预需要"有的放矢"。其次，就照料贫困程度的差异性方面而言，尽管同处于照料贫困状态，但也存在明显的区别，即有的失能老人陷入部分照料贫困，而有的失能老人则陷入完全照料贫困，这种差别是以往研究所忽视的。但是，这种对照料贫困程度的区分又是至关重要的。因为，针对有人照料的失能老人和无人提供有效照料的失能老人而言，其生活境遇存在明显的差异，这也决定了外部政策干预也要因照料贫困程度的不同而体现出精准化差异。

3. 照料贫困的失能老人应是社会养老服务政策干预的重点对象

当前，我国社会养老服务体系的建设存在一定的误区，主要表现在"重视床位增加但忽视使用效率、空讲规模需求而不看有效需求、政策面面俱到但缺乏重点突破"（唐钧，2015）。这些误区在一定程度上可能是因为对失能老人的照料需求满足状况缺乏清晰的认知,从而夸大了老年人的长期照料需求规模和社会照料服务供给的负担,进而使得政府社会养老服务资源没能有效配置,加剧了养老服务供需结构的失衡。基于本研究的研究发现和理论分析,在居家失能老人中,约41%的失能老人已经通过家庭获得了充足有效的照料,理论上而言这部分失能老人没有寻求社会养老服务支持的需求。其余约59%陷入照料贫困的失能老人才是社区居家养老服务的政策对象,其中约54.5%的居家失能老人需要外界提供"补充照料服务"。约4.3%的完全照料贫困的失能老人应该由外界提供"替代照料服务",成为政府基本养老服务"兜底"的政策对象。可见,社区居家养老服务对于家庭照料服务是应该发挥补充作用还是替代作用,需要具体从照料贫困的程度出发进行考量。从供给侧方面来看,截至2017年底我国各类养老床位有744.8万张,比上年增长2%,但与养老床位增长相伴的是,床位空置率居高不下且连年增长。[①] 可见,如果养老服务资源供给能够和实际需求有效匹配,足以解决约4.3%的完全照料贫困的居家失能老人的照料困境。因此,现阶段应该帮助家庭照料者提高照料质量和服务强度,有效补充家庭照料功能,提高居家失能老人照料需求满足率,而非过于强调建设养老机构床位,从量上去替代家庭照料。

(二) 失能老人照料贫困问题的主要特征

失能老人的照料贫困问题是客观存在的,它的主要特征该如何理解呢?通过深入考察失能老人照料贫困状况的基本特点,有助于我们全面认识照料贫困失能老人的结构差异和群体分化状况,从而增强养老服务供给侧结构性改革的针对性。为此,下面将基于统计分析结果和理论阐释对失能老人的照料贫困状况进行特征总结。

---

① 民政部:《2017年社会服务发展统计公报》,http://www.mca.gov.cn/article/sj/tjgb/2017/201708021607.pdf。

1. 失能老人照料贫困的年龄特征

年龄是影响老年人身体健康的重要变量,并且年龄与身体机能受损往往存在叠加效应,年龄越大,老年人失能的可能性越大,失能的程度也可能越高。因而,随着年龄的增长,失能老人的照料需求也可能会协同增长。研究发现,低龄失能老人的照料贫困发生率高于中高龄失能老人的照料贫困发生率。低龄失能老人成为照料贫困的高风险人群,这并非表示他们的健康状况较差,而在一定程度上反映他们的照料资源可能相对匮乏。通过进一步的数据分析发现,低龄失能老人的平均子女数量低于高龄失能老人,与子女等亲属同住的比例也相对较低。故而,对年轻一代失能老人而言,因子女数量减少和居住分离所引起的家庭照料资源流失,使他们更容易陷入照料贫困。而高龄失能老人由于"年龄"和"重度失能"这一双重弱势,在孝道伦理的约束下,他们更有可能获得来自子女等亲属的全面、细致的照料资源供给,从而具有相对较低的照料贫困发生率。同时,低龄失能老人多处于轻度失能的状态,一方面,他们在某些功能方面的丧失容易被子女忽视,难以得到来自子女方面的悉心照料;另一方面,低龄失能老人照料资源的获得更多来自配偶的照料,而配偶本身由于年龄较大,在提供照料服务过程中,可能力不从心。因此,低龄失能老人更有可能依赖自我照料,从而具有更高的照料贫困发生率。

2. 失能老人照料贫困的家庭特征

失能老人是否有配偶、儿子和女儿的数量、家庭的收入水平以及居住类型等家庭照料资源是制约失能老人能否获得充足照料服务的重要因素。理论上说,因为较多的子女数量可以发挥照料供给的"规模效应"和"风险分散效应",一般能够确保失能老人获得来自子女的照料服务。那么,拥有较多子女的失能老人陷入照料贫困的可能性则较小。当然,子女对失能老人照料服务资源的供给也受到代际关系和子代收入水平的约束。两代之间如果关系比较良好,子代又具有较强的经济实力,那么失能老人则有可能从子女处获取更多的照料资源支持。从居住类型层面而言,独居和与配偶同住的失能老人相较于与子女同住的失能老人更可能陷入照料贫困的状态。伴随家庭结构变迁，以往常见的多代联合家庭逐渐核心化和小型化，加之人口大规模的迁移流动、传统家庭观念的转变，子代和父代的居住分离逐渐成为常态。这一变迁的背后，意味着独居和与配偶同住的失能老人将会越来越多。这势必会影响子代对其照料服务资源的传递与供给，从而使得失能老人陷入照料贫困的风险增大。

3. 失能老人照料贫困的地区特征

受地区经济发展水平、社会福利水平、资源禀赋等因素的影响，失能老人照料贫困发生率呈现明显的"农村高于城镇，中西部高于东部"的城乡和区域差异特征。主要表现在以下方面。第一，农村地区失能老人照料贫困发生率高于城镇地区失能老人的照料贫困发生率。长期以来，在户籍制度的区隔下，我国城镇和农村在社会经济发展方面存在巨大的差异。城乡居民在养老金覆盖面及待遇水平、医疗资源获得及水平和照料护理资源方面存在较大差距。一方面，农村失能老人因较低的收入水平和能力难以负担较高的私人照料等正式照料服务；另一方面，农村整体购买能力较弱，市场较为分散，养老服务市场发育程度较低，又决定了其养老服务市场供给相对不足。所以，相比城镇失能老人，农村失能老人更可能依靠家庭提供照料，所以更可能面临照料贫困的困境。第二，东部地区（尤其是东部城镇地区）失能老人照料贫困发生率及照料贫困程度低于中西部地区。经济发展水平对于社会福利水平的发展具有"涓滴效应"，东部地区较高的经济发展水平使得其老年保障及老年照料公共服务体系较中西部地区更为完善。而中西部地区由于公共服务基础设施薄弱、照料劳动力外流，地区发展面临着内源性动力不足与外源性引力欠缺的困境，整个经济与社会发展的水平较低，所以失能老人在获得满足照料需求的服务方面面临困境，从而使得照料贫困发生率较高。

（三）失能老人照料贫困的类型划分

失能老人的照料贫困问题具有一定的普遍性，根据前文对失能老人照料贫困现实表征的分析，可以发现照料贫困的发生表现出一定的规律性。同时，结合对照料贫困的理论分析，发现收入、人力、技能以及市场供给的匮乏导致失能老人的长期照料需求无法得到完全满足，从而陷入照料贫困。因此，根据前文的描述分析结果以及理论分析，基于影响照料贫困发生的主要障碍因素，从理论上对照料贫困进行类型划分。

1. **经济约束型照料贫困**

经济约束型照料贫困或者说收入约束型照料贫困，是指失能老人个体或家庭因经济约束或收入水平较低，难以向市场或个人购买充足有效的长期照料服务，从而导致失能老人的照料需求无法得到完全满足。老年人具有充足的经济保障是获取服务保障的基础，如果经济保障水平过低，将限制失能老人获取照料服务的能力。前文的数据分析结果已然表明，失能老人个人生活来源不够日常生活开销抑或家庭年收入水平较低，则更容易陷入照料贫困的状态。我国失能老人的经济保障主要有两个来源：一是由国家层面提供的城乡居民基本养老保险金或者离退休人员退休金；二是失能老人家庭的经济援助抑或代际经济支持。如果失能老人收入来源不畅或收入水平较低，那么意味着其只具备较低的服务购买能力。当前我国大部分老年人获得了基本养老保险金，但是广大农村地区的基本养老保险金仅维持在较低水平。因此，困难家庭的低收入失能老人更容易陷入经济约束型照料贫困。

2. **市场约束型照料贫困**

市场约束型照料贫困是指一些地区的失能老人受老年照料服务市场发育程度的制约，难以通过市场途径购买获得优质、高效的长期照料服务，或者说即使失能老人或家庭具备一定的服务购买能力，但因市场上没有提供相关照料服务的机构或企业，而无法满足其照料服务需求。失能老人的照料需求相比一般老人具有一定的特殊性，很多服务无法进行集约化供给，使得营利性不足。鉴于企业的趋利性，广大的乡镇、农村以及偏远地区，鲜有企业和机构提供专门针对失能老人的长期照料服务，即使一些专业的养老机构也不太愿意接收失能老人，从而使得失能老人的照料服务领域出现"有需求，无供给"、"有购买，无市场"或者"市场供给规模滞后于需求规模"的困局。因此,部分失能老人陷入市场约束型照料贫困。

3. 人力约束型照料贫困

人力约束型照料贫困是当前失能老人照料贫困的主要类型,因为大部分失能老人由家庭照料,主要依靠家庭获得长期照料服务。而人力约束型照料贫困则是指由于子女不在身边或者子女数量较少,从而限制了家庭照料服务供给能力的发挥。一方面,在人口流动的大背景下,年轻人口大量外流,导致农村失能老人容易陷入人力约束型照料贫困。如果要求家庭成员留守在家承担照料工作,那么大多数家庭尤其是农村家庭的生活质量将因之降低。另一方面,城市地区实行长期的、严格的独生子女政策,产生大量的独生子女家庭。而失能老人的长期照料服务具有持续性、长期性的特点,如果子女数量较少,将会限制子女照料服务供给合力的发挥。

4. 价值约束型照料贫困

价值约束型照料贫困是指失能老人或其子女在代际伦理价值的认知约束下导致失能老人的照料需求无法得到满足。首先,从父代角度来说,在权利义务严重倾向于子代的文化氛围下,有部分老年人即使由于自身身体健康问题可能影响生活自理,但只要情况不是非常严重,他们也会努力克服,一般不会求助于子女,因为他们认为:"子女们现在生活不容易,不能太麻烦他们。"(石人炳,2012)由于父代的甘愿牺牲,一些失能老人主动陷入照料贫困的困境。其次,从子代角度而言,在传统孝道伦理价值约束逐渐弱化、代际资源有限的背景下,部分子代不愿意承担照料失能老人的责任,从而使得失能老人被迫陷入照料贫困的困境。

小 结

本章主要利用2014年中国老年人健康长寿影响因素调查的截面数据分析了中国城乡居家失能老人长期照料需求满足的基本现状,深度描述了照料贫困问题的现实表征,并对失能老人的照料贫困问题进行了理论总结。

首先，利用数据对失能老人的基本现状、需求内容以及长期照料服务获得现状进行了深入描述。研究发现轻度失能老人是失能老人的主体，占一半左右，重度失能老人约占失能老人总体的1/3。不同人口学特征失能老人的失能程度存在明显差异，农村、高龄、女性失能老人的失能程度相对较高。从失能项目来看，绝大部分失能老人不能独立洗澡，因失能产生的照料需求项目比较多元和分散。而大部分的失能老人是通过家庭成员获得长期照料服务，家庭照料依然是主流，家庭成员尤其是子女在照料时间和金钱方面投入较大，家庭照料面临较大的压力，社区照料服务和社会支持政策严重缺位。

其次，围绕失能老人的照料需求满足问题进行了分析，重点考察了失能老人的照料贫困问题及其差异。该部分基于失能老人的照料需求满足程度，从微观上将其划分为照料需求完全满足组、部分照料贫困组和完全照料贫困组三类群体进行比较。同时，围绕不同社会人口特征的失能老人，分析了他们在照料贫困问题上的差异，据此识别出了照料贫困发生的高风险人群。研究发现，男性、重度失能、低龄、无配偶、中西部、农村等特征的失能老人是照料贫困的高风险人群。社会政策干预应该围绕高风险人群进行精准的"目标定位"。同时，考虑到我国客观存在的城乡差异，又分别进行了分城乡样本的比较研究，概括了城乡失能老人在照料贫困方面的共性和差异。

最后，以深度的数据描述分析为基础，对失能老人的照料贫困问题进行了理论总结和判断。该部分研究对我国失能老人的照料贫困问题做出了基本判断：失能老人照料贫困问题具有一定的普遍性和差异性，照料贫困的失能老人应是社会养老服务政策干预的重点对象，当前社区居家养老政策的主要方向应是围绕家庭照料发挥补充而非替代作用。同时，结合实证数据和理论分析总结了失能老人照料贫困的主要特征和基本类型，认为照料贫困的类型可以初步划分为经济约束型照料贫困、市场约束型照料贫困、人力约束型照料贫困以及价值约束型照料贫困。

第四章　失能老人照料贫困的影响因素分析

在定量研究中,影响因素分析一般是指对事物之间因果关系的探讨。本章的研究目的是在厘清照料贫困现实表征的基础上,深入考察失能老人照料贫困发生的影响因素,也即通过识别哪些因素主要影响了失能老人照料贫困的发生,从而为政策干预提供有效的理论指引。本章基于社会支持理论框架选择家庭资源禀赋因素、代际支持因素和正式社会支持因素,构建分析模型,实证考察非正式支持和正式支持因素对失能老人照料贫困发生的影响方向和程度。同时,考虑到长期以来因城乡社会经济发展和福利供给差距逐渐拉大所形成的城乡社会福利分层,进一步从城乡差异角度切入,围绕城镇失能老人和农村失能老人分别构建分析模型,考察城乡失能老人照料贫困影响因素的共性与差异。通过对城乡失能老人照料贫困影响因素差异的深入考察,为差异化的社会政策干预提供一定的理论支撑。

一　理论分析与变量定义

(一) 理论分析

前文针对照料贫困的理论分析部分已经指出,照料贫困问题本质上是目前获得的照料服务供给不能满足失能老人因身体功能丧失而产生的基本照料服务需求,其涉及家庭照料服务的供给决策和社会养老服务的供给程度。随着现代化进程的推进,中国的社会生产方式不断转变、家庭结构不断缩小、社会保障制度逐渐完善，传统的养老模式不断由"反馈模式"趋向西方的"接力模式"，老年人逐渐倾向于选择社会养老服务来满足自身养老需求。但是，在社会转型期，当前我国针对老年人的养老服务保障制度尚不健全，基于共享理念和公平获得原则的长期照料服务体系尚未建立。同时，受到经济保障水平不高、正式照料资源有限，以及中国传统家庭养老观念的多重约束，大部分失能老人仍然居住在家中依靠家庭成员获取照料服务。其实，和中国的情况类似，国际上超过80%的老人也希望通过家庭获得照料服务。美国有50%以上的依赖型（失能）老人倾向于选择家庭照料或社区居家照料，这样既可以在熟悉的环境中"就地老化"，又可以获得其他家庭成员的精神慰藉。事实上，失能老人能否获得充足的照料服务也涉及社会资源在不同代际以及家庭资源在不同成员间的分配问题。正如贝克尔所言，就子女等家庭成员而言，其是否会亲自照料失能的老年父母，是在家庭利益最大化约束下的一个比较复杂和充满变动的决策过程，受到较多因素的影响（Becker, 1988）。而对失能老人自身而言，我们认为只有当家庭照料不能满足失能老人的全部养老服务需求时，他们基于理性经济人的考虑，才可能会选择正式的社会服务支持来补充或替代家庭非正式支持。

老年人家庭支持理论表明，老人能否获得来自家庭成员的支持可以有两种理论模型进行解释。一是权利与议价模型。该模型认为父代从子代及其他家庭成员处所获得的支持程度与其对资源（如财产、话语权）的控制有关。Bernheim等提出并验证了代际支持中的策略性财产赠予模型，发现老年人可以通过对自身的金钱、房屋、证券等物质财富的分配影响子女的照料服务供给行为。同时，老年人自身的经济状况越好，地位越高，那么其在家庭决策中的议价能力也就越强，其所获得的照料服务可能就越充足，质量也就越高（Bernheim et al., 1985）。二是群体合作模型。该模型认为不同家庭成员之间（尤其是代际）存在共同利益，家庭成员之间的关系就类似于合作的群体关系。在家庭利益最大化的动机下，子女可能会增加对父代的经济支持，从而减少对其照料服务的供给。换句话说，支持父代购买充足的市场化正式照料服务，从而确保自己能够从劳动力市场获取更高的收入。同时，在多子女家庭中，子女通过为失能老年父母提供更多的经济支持，可以降低其他照料者（如配偶、亲属）的负担，从而稳定他们的照料服务供给，实现家庭资源优化配置（Houtven et al.，2013）。当然，群体合作也取决于代际双向的互动支持。老年人对子女进行经济赠予，抑或说对子女等因照料服务活动产生的损失进行补偿，可以明显增加来自子代的照料时间和服务供给（López-Anuarbe，2013）。当然，在照料决策过程中，家庭的经济状况对失能老人获取照料的程度有重要影响，家庭经济状况越好，那么家庭因照料产生的成本就越小，老人则越可能接受来自家庭成员的照料（Park，2014）。

除了家庭非正式支持之外，正式支持对失能老人获得充足的长期照料服务同样具有重要的影响。正式支持对促进非正式支持功能的实现和强化非常重要，而非正式支持的存在也有赖于政府层面的支持。制度化的社会养老保险体制和社会养老服务保障体制不仅可以增强失能老人自身养老能力，而且可以实现与非正式家庭照料功能的互补。

通过以上理论分析，可以发现影响失能老人家庭照料的因素以及机制是多维的和复杂的，失能老人照料贫困的发生抑或说照料需求的满足程度可能受到来自个体特征、家庭资源禀赋状况、代际支持状况以及正式社会支持状况等因素的影响。首先，家庭资源禀赋状况。家庭资源禀赋是指家庭作为基础单位所拥有（先天拥有及后天获得）的人力、经济以及社会资本等，其构成家庭照料活动安排的基础。家庭资源禀赋越丰富，照料资源越充足，子女等家庭成员越可能忽略照料成本而亲自提供照料服务，父代照料需求越容易得到满足，从而越不可能陷入照料贫困的困境。同时，照料主体（子女数量）越多，由于责任分担和风险分散效应，照料责任越容易在多个主体间稀释。其次，代际支持状况。代际支持是指代际资源的一种传递和交换，这种传递和交换可能是自上而下的，也可能是自下而上的。可能是单向的，也可能是双向的。当代际支持更多表现为一种双向互动时照料效果可能会更好。最后，正式社会支持状况。正式社会支持是国家或政府直接干预构建的相关制度和法律，诸如社会养老保险制度和社区服务相关的软件和硬件设施。

总之，为了研究失能老人照料贫困的影响因素，本章在社会支持理论的指引下，在考量中国传统文化和实际情况的基础上，构建了一个由控制变量、家庭资源禀赋、代际支持以及正式社会支持等影响因素构成的模型，基本表达式如下：

M_n（是否陷入照料贫困）＝f（控制变量，家庭资源禀赋因素，代际支持因素，正式社会支持因素）。

（二）数据来源与变量设置

数据来源。本章所使用的数据仍为2014年中国老年人健康长寿影响因素调查（CLHLS）数据中的老年人个体问卷数据，根据研究目的，筛选需要长期照料的居家失能老人。结合调查问卷中所测量的6项日常生活自理能力（洗澡、穿衣、吃饭、上厕所、控制大小便和室内活动），以需要照料的时间在三个月及以上的失能老人作为研究样本。同时，进行数据清理，剔除在照料需求满足状况上填写不完整的个案。通过严格的数据预处理，最终选取1205个符合条件的居家失能老人作为分析样本。

因变量。本章的因变量是失能老人的照料贫困状况，基于问卷中"您目前在六项日常活动中需要他人帮助时，谁是主要帮助者？"和"您认为您目前在六项日常活动中得到的这些帮助能够满足您的需要吗？"两个问题的回答，并且根据研究目的和对照料贫困的测量，得到两个关于照料需求满足状况的自评类型：照料需求完全满足和照料贫困。据此，将被解释变量操作成二分类变量，结合研究需要对被解释变量进行哑变量处理，操作成0－1变量，即照料需求完全满足赋值为0，照料贫困赋值为1。

自变量。基于上述的理论分析，自变量的选择主要是依据代际支持和正式社会支持相关变量进行选择，将数据中可能影响失能老人照料贫困发生的因素分为家庭资源禀赋因素、代际支持因素和正式社会支持因素三类，每类具体包含的变量如下。

第一，家庭资源禀赋因素。主要是指失能老人自身或家庭的社会经济资源，由5个变量来测量。失能老人的家庭地位，指老人在家庭经济决策中的作用，分为任何开支都不做主、只能对自己的做主、非主要开支能做主、几乎所有开支都能做主四个方面；家庭年收入，作为连续变量处理；生活来源是否够用，分为够用和不够用两个方面；居住类型操作成独居和与他人同住两类情况；子女数量是指存活的子女数量，作为连续变量处理。

第二，代际支持因素。主要是指父代和子代之间的物质、经济、服务和情感流动。主要包括父代对子代的经济援助；子代对父代的经济支持；子代针对父代的照料强度（每周对失能父母的照料时间）；子代对失能父母的照料支持（照料投入的周费用）；支持意愿，以家庭首要照料者意愿作为替代变量，分为愿意、不愿意（不情愿和不耐烦）和力不从心三个方面。

第三，正式社会支持因素。主要包括社会保障制度支持和社区养老服务支持。如失能老人是否有正式的社会养老保险；是否有社会医疗保险；社区是否提供照料服务；社区是否提供上门医疗服务。

第四，控制变量。考虑到失能老人的个体特征如性别、年龄、生活地区之间社会经济发展水平的差异对其照料需求满足状况的可能影响，遵循以往研究和文献，为避免变量遗漏，将失能老人的个体特征作为控制变量纳入模型。主要包括基本的人口学特征、区域特征和健康特征。性别特征，包括男性和女性；年龄特征做连续变量处理；婚姻状况分为无配偶和有配偶；户口性质分为城镇和农村；区域分为东部、中部和西部；失能程度分为不同失能等级，如轻度失能、中度失能和重度失能；失能持续期是指老人因失能所产生的实际照料天数。

基于上述对解释变量和被解释变量的分析，对以上变量进行操作化，具体变量的定义及特征如表4-1所示。

表 4-1 变量的定义与描述

变量	定义	占比（%）	均值	标准差
照料贫困	否 = 0	41.16	0.588	0.492
	是 = 1	58.84		
控制变量				
性别	女性 = 0	65.65	0.343	0.475
	男性 = 1	34.36		
年龄	连续变量（65~116 岁）		93.267	9.521
户口性质	农村 = 0	50.04	0.499	0.500
	城镇 = 1	49.96		
区域	东部 = 1	53.03	1.655	0.773
	中部 = 2	28.38		
	西部 = 3	18.59		
婚姻状况	无配偶 = 0	75.69	0.243	0.429
	有配偶 = 1	24.31		
失能程度	轻度失能 = 1	51.37	2.777	0.869
	中度失能 = 2	19.50		
	重度失能 = 3	29.13		
失能持续期（取对数）			6.919	1.929
家庭资源禀赋				
家庭地位（经济决策）	任何开支都不做主 = 1	58.02	1.789	1.111
	只能对自己的做主 = 2	21.50		
	非主要开支能做主 = 3	4.01		
	几乎所有开支都能做主 = 4	16.46		
家庭年收入	连续变量（取对数）		9.803	1.603
生活来源是否够用	不够用 = 0	21.04	0.789	0.407
	够用 = 1	78.96		
居住类型	与家人同住 = 0	88.80	0.112	0.315
	独居 = 1	11.20		
子女数量	连续变量		4.509	2.12

续表

变量	定义	占比（%）	均值	标准差
代际支持				
子代经济支持（向上）（元）	连续变量		2914.79	5997.55
父代经济援助（向下）（元）	连续变量		693.36	3883.3
照料强度（小时）	连续变量		50.69	56.35
照料支出（元）	连续变量		271.83	559.72
支持意愿	愿意=1	93.08	1.112	0.431
	不愿意=2	2.60		
	力不从心=3	4.33		
正式社会支持				
社会养老保险	无=0	63.78	0.362	0.480
	有=1	36.22		
社会医疗保险	无=0	12.66	0.873	0.332
	有=1	87.34		
社区提供照料服务	不提供=0	95.29	0.047	0.211
	提供=1	4.71		
社区上门医疗服务	不提供=0	64.60	0.354	0.478
	提供=1	35.40		

资料来源：根据数据整理计算得出。针对连续变量，在回归分析中取对数处理。

（三）变量特征的基本描述

表4-1中基于占比、均值和标准差三个指标呈现了调查样本的基本特征。

首先，失能老人的人口学特征。数据显示：女性是失能老人的主体，占失能老人的65.65%，男性失能老人占34.36%。样本的平均年龄约为93岁，这表明样本中失能老人以中高龄老人为主。从城乡分布来看，样本的城乡分布比较均衡，农村和城镇失能老人占比各在50%左右。从区域来看，东部失能老人占比最高，中部次之，西部最少，这在一定程度上与我国人口空间分布结构相契合。失能老人中有配偶的比重不高，占24.31%。从失能程度来看，轻度失能老人是失能老人群体的主体，重度失能老人占失能老人的29.13%。从失能持续期来看，大部分失能老人失能持续时间较长。

其次，失能老人的家庭资源禀赋特征。就失能老人在家庭经济支出中的决策地位来看，可能是由于年龄和身体的双重劣势，仅有16.46%的失能老人在家庭经济决策中具有较高的地位，能够对几乎所有的开支做主。失能老人家庭年收入均值约为9.8万元，但群体内部存在较大差异。大部分失能老人的生活来源基本够用，有21.04%的失能老人报告了生活来源不够用。样本的平均子女数约为4.5个，方差较大，失能老人的子女数量差异也比较明显。

再次，失能老人的代际支持特征。从子代给予失能老人的经济支持来看，子代上年度平均给予失能老人的金额为2914.79元，但标准差较大，不同子代给予父代的经济支持差异较大；从父代给予子代的经济援助来看，失能老人上年度平均给予子代的金额为693.36元，标准差同样较大。从这两个指标来看，对有失能老人的家庭而言，代际经济的净流动是向上的。从照料强度来看，子女平均每周要投入50.69个小时的照料时间，对失能程度较高的失能老人，可能投入的时间更长，整体照料强度较大。从照料支出来看，子女平均每周在照料服务方面的花费达到271.83元。

最后，失能老人的正式社会支持特征。正式的经济支持和服务支持对保障失能老人的生活质量非常重要，但是失能老人的经济保障和服务保障状况堪忧。数据显示：大部分失能老人没有正规的养老保险，仅有36.22%的失能老人拥有退休金这一制度化的经济保障；失能老人具有医疗保险的比例较高，87.34%的失能老人至少拥有一种医疗保险。至于社会养老服务的供给状况则比较薄弱，仅有4.71%的失能老人报告了社区提供日常生活照料服务，35.40%的失能老人报告了社区提供上门医疗服务。

二 研究方法与实证分析策略

（一）方法使用与模型设定

本部分的分析方法是 Logistic 回归模型。Logistic 回归模型为概率非线性回归模型，是一种多变量分析方法，主要考查分类结果（Y）与若干影响因素（X）之间的关系。Logistic 回归模型适用于因变量为分类变量、自变量为二分类或多分类的情况，可以预测分类变量中每个分类发生的概率。本章在研究失能老人照料贫困问题时，将照料需求满足状况进行二分类处理，即照料需求完全满足和照料贫困。由于被解释变量是二向性问题，所以本章使用的是 Logistic 模型中的二分类回归模型。

本章设定 Y 为二分类变量，其中 Y_1 表示照料贫困，Y_0 表示照料需求完全满足，在分析过程中以照料需求完全满足组为参照组。二分类 Logistic 回归模型一般形式可以表示为（王济川、郭志刚，2001）：

$$p = \frac{\exp(\alpha + \sum_{i=0}^{k} \beta_i x_i)}{1 + \exp(\alpha + \sum_{i=0}^{k} \beta_i x_i)}$$

根据 Logistic 的定义，进行变换操作之后有：

$$f(p) = \ln\left(\frac{p}{1-p}\right) = \alpha + \sum_{i=0}^{k} \beta_i x_i + \varepsilon$$

其中 p 表示照料贫困发生的概率，$1-p$ 表示照料需求完全满足的概率，$p/(1-p)$ 为事件发生比，简称为 odds；x_i 表示影响发生概率的自变量；β_i 表示自变量对概率的反应系数；α 为截距项；ε 为无法被自变量解释的残差项。同时，考虑到研究使用的截面数据可能存在的异方差问题，会对模型中变量的显著性产生一定的影响，故而在模型中使用稳健标准误检验。

为了检验失能老人照料需求满足状况模型中的控制变量、家庭资源禀赋变量、代际支持变量和正式社会支持变量对失能老人照料贫困发生的影响方向和程度,采用逐步回归的方法,构建四个分析模型。模型 1 首先纳入控制变量;模型 2 纳入控制变量和家庭资源禀赋特征中的变量;模型 3 纳入控制变量、家庭资源禀赋特征和代际支持特征中的变量;模型 4 为纳入控制变量、家庭资源禀赋特征、代际支持特征以及正式社会支持特征的全模型。通过不同模型的结果对比,可以有效考察不同因素的影响程度的净效应。四个模型的具体表达式如下。

模型 1:$f^1(p) = \alpha^1 + \beta_1^1 X_{控制变量} + \varepsilon^1$

模型 2:$f^2(p) = \alpha^2 + \beta_1^2 X_{控制变量} + \beta_2^2 X_{家庭资源禀赋} + \varepsilon^2$

模型 3:$f^3(p) = \alpha^3 + \beta_1^3 X_{控制变量} + \beta_2^3 X_{家庭资源禀赋} + \beta_3^3 X_{代际支持} + \varepsilon^3$

模型 4:$f^4(p) = \alpha^4 + \beta_1^4 X_{控制变量} + \beta_2^4 X_{家庭资源禀赋} + \beta_3^4 X_{代际支持} + \beta_4^4 X_{正式社会支持} + \varepsilon^4$

必须指出的是,为达成研究目的,对比农村失能老人和城镇失能老人照料需求满足状况的影响因素,应该针对两组群体分别建模,从而探析城乡失能老人照料贫困影响因素的共性与差异。

(二) 实证分析策略

探究照料贫困发生的影响因素是本章的基本目标之一。照料贫困是失能老人照料需求满足程度的一种困境状态。按照前文的理论分析,本书将照料需求满足程度划分为照料需求完全满足、部分照料贫困和完全照料贫困。但是,在本部分的分析中,将照料需求满足程度划分为两类即照料需求完全满足和照料贫困(将部分照料贫困和完全照料贫困合并)。之所以这样安排,一方面是因为本部分主要目标是考察照料贫困发生的影响因素,而部分照料贫困和完全照料贫困的差别主要是是否有人提供有效的照料服务,所以具体的影响因素可能差别不大;另一方面是因为完全照料贫困的样本占照料贫困的比重较低,样本量较少,单独作为一类分析,可能会影响结果的稳定性。而被解释变量的选择主要依据上文对社会支持理论的分析设定,即主要从失能老人的个体特征、家庭资源禀赋特征、代际支持特征以及正式社会支持特征四个方面考虑。具体的实证安排是：首先，针对全样本，利用二分类离散变量回归模型，探究失能老人照料贫困的影响因素；其次，针对城镇失能老人和农村失能老人两个子样本，分别构建回归模型，以此考察城乡失能老人在照料贫困影响因素方面的共性与差异。

三 影响失能老人照料贫困状况的多因素分析

（一）失能老人照料贫困的回归分析与结果

在前文描述分析的基础之上，本研究构建二元 Logistic 回归模型，为有效识别所选变量是怎样以及在多大程度上影响失能老人的照料贫困问题，采用逐步回归的方法，依次将控制变量、家庭资源禀赋变量、代际支持变量和正式社会支持变量纳入分析模型，以此考察不同变量的影响程度和方向。模型 1 为基准模型，单独将控制变量纳入回归模型，其解释力为 4.37%；模型 2 是在人口学特征变量的基础上纳入家庭资源禀赋变量，回归模型的解释力变为 6.19%；模型 3 加入代际支持变量之后，模型的解释力增至 11.57%；模型 4 为加入正式社会支持变量之后的全模型，解释力增加至 12.61%。从全模型来看，家庭资源禀赋特征、代际支持特征和正式社会支持特征对失能老人照料贫困的发生具有较好的解释效应。表 4-2 展示了各模型的回归结果，表中的系数为发生比。

1. 控制变量对居家失能老人照料贫困状况的影响

模型 1 考察了控制变量对失能老人照料贫困发生的影响。数据显示，性别对失能老人照料贫困状况具有显著影响，男性失能老人相比女性失能老人更容易陷入照料贫困。就年龄特征来看，低龄失能老人容易陷入照料贫困，随着年龄增长，失能老人照料贫困发生的概率逐渐降低。可能的原因是我国家庭规模逐渐缩小，年青一代的失能老人平均拥有的子女数量更少，同时高龄失能老人的照料需求相比低龄失能老人可能更容易得到子女的重视。所以，并非低龄老人的健康状况更差，而是他们所能获得的照料资源更少。照料贫困的发生具有明显的城乡分化效应，农村失能老人相比城镇失能老人发生照料贫困的概率更高，城镇失能老人发生照料贫困的概率仅是农村失能老人的 0.699 倍。就区域特征而言，中部和西部失能老人发生照料贫困的概率更高，分别是东部失能老人发生照料贫困概率的 1.634 倍和 1.514 倍。可见东中西部失能老人的生活样态存在明显差异。婚姻特征不具有统计上的显著性，对失能老人的照料贫困状况没有显著影响。

失能程度是影响老人照料贫困发生的关键变量。失能程度越高，照料需求越不容易得到满足，发生照料贫困的可能性越大。失能程度直接反映了老人的健康水准，失能程度较高的老人和失能程度较低的老人相比，在家庭照料资源供给和照料水平有限的情况下，所需要的照料资源，如物质、陪伴、时间和技能等越多，照料需求越不容易得到满足，从而越容易陷入照料贫困。失能持续期是老人因失能需要外界提供照料服务这一状态以来所持续的时间，研究结果表明，失能持续期越长的失能老人照料需求满足程度越高，越不容易陷入照料贫困。可能的原因是，一方面，失能老人长时间失能后其对失能生活以及照料服务的接受和适应程度较高；另一方面，失能老人接受的照料时间越长，越能理解子女等在照料过程中所付出的较多的牺牲和艰辛，对子女的照料服务比较包容，从而对家庭的照料服务产生较高的满足感。

2. 家庭资源禀赋对居家失能老人照料贫困状况的影响

模型 2 报告了家庭资源禀赋对失能老人照料贫困状况的影响。从收入方面而言，家庭收入越高，失能老人的生活来源越充足，发生照料贫困的可能性越低。其中的影响机制在于，家庭收入越高，老人的生活来源越充足，说明家庭成员在照料失能老人的过程中所能供给的照料资源越丰富，那么老人的照料需求越容易得到满足，陷入照料贫困的可能性越小。数据显示，生活来源充足的失能老人发生照料贫困的可能性仅是生活来源匮乏的失能老人的 0.488 倍。从家庭地位特征方面来看，家庭地位对失能老人照料满足状况具有重要影响，具有较高家庭地位的失能老人较不容易陷入照料贫困。数据显示，在家中几乎所有开支都能做主的失能老人发生照料贫困的可能性比没有决策权的失能老人降低了 50%

左右。这在一定程度上反映了老年人在家庭资源支配中的权利越大,其自身的照料需求越容易得到家庭成员的重视,在家庭资源分配过程中越能够得到优先满足。

子女数量的回归结果显示,子女数量越多,失能老人发生照料贫困的可能性越小。这一方面表明子女数量越多,越具有一定的风险分散效应;另一方面也表明子女数量较多并不一定意味着照料资源的增加,或许会出现相互之间都不承担照料责任的现象。居住特征对失能老人的照料需求满足状况具有显著的影响,独居显著提高了失能老人陷入照料贫困的可能性。数据表明,独居的失能老人发生照料贫困的可能性是与家人同住的失能老人的1.64倍。可见,家庭居住安排对失能老人的照料服务获得具有重要影响,如何通过政策引导提高子女与失能老人共同居住的比例,应该是公共政策要着力解决的问题之一。

表4-2 影响失能老人照料贫困状况的 Logistic 回归分析

变量	exp(B)			
	模型1	模型2	模型3	模型4
性别(女性=参照)	1.280*	1.351**	1.186	1.235
年龄	0.984**	0.983**	0.980*	0.970***
户口性质(农村=参照)	0.699***	0.783*	0.653**	0.659**
区域(东部=参照)				
中部	1.634***	1.573***	1.497**	1.505*
西部	1.514**	1.489**	1.640**	1.460
婚姻状况(无配偶=参照)	0.751	0.823	0.977	0.838
失能程度(轻度=参照)				
中度失能	1.713***	1.431**	1.509*	1.448*
重度失能	1.985***	1.636***	1.843***	1.560
失能持续期	0.811***	0.834***	0.876**	0.922
家庭地位(任何开支都不做主=参照)				
只能对自己的做主		0.815	0.801	0.904
非主要开支能做主		1.217	1.237	1.014

续表

变量	exp（B）			
	模型1	模型2	模型3	模型4
几乎所有开支都能做主		0.502**	0.378***	0.368***
家庭年收入		0.950	0.965	1.001
生活来源是否够用（不够用=参照）		0.488***	0.570***	0.580**
居住类型（与家人同住=参照）		1.640**	1.708*	2.097*
子女数量		0.975	0.962	0.955*
子代经济支持（向上）			1.021	1.00
父代经济援助（向下）			0.916***	0.909***
照料强度			0.988	1.001
照料支出			0.1006	1.019
支持意愿（愿意=参照）				
不愿意			2.091	2.130*
力不从心			4.309***	5.200**
社会养老保险（否=参照）				0.778
社会医疗保险（否=参照）				0.918
社区提供照料服务（否=参照）				0.379**
社区上门医疗服务（否=参照）				0.845
_cons	18.518***	37.058***	37.282***	61.908***
R^2	0.0437	0.0619	0.1157	0.1261

注：$^*p<0.10$，$^{**}p<0.05$，$^{***}p<0.01$；括号内为参照组。

3. 代际支持对居家失能老人照料贫困状况的影响

模型3显示代际支持因素是影响居家失能老人照料需求满足状况的关键因素，加入了代际支持因素之后，模型的解释力明显增加。可见，代际支持在居家失能老人的照料服务供给中发挥重要作用。数据显示，失能老人对子代的向下的经济援助显著降低了其照料贫困发生的可能性。影响机制可能是，一方面，从代际互助的角度来看，老人对子代提供经济上的援助是关心子女生活和互助关系和谐的体现。在有效的代际互助过程中，子女等家庭成员会更加重视失能老人在照料方面的需求，对照料服务的供给也会更加及时，照料态度会较为积极，那么照料服务质量也相应会比较高，从而使得老人更可能获取充足有效的照料。另一方面，可以从子代和父代之间的互惠性来理解，子代承担照料责任花费较多的成本，而老人如果向下给予子代一定的经济援助，可以看作补偿他们在照料过程中所付出成本的一种重要路径，可以减少因为亲自提供照料所产生的收入损失，从而显著提高他们照料的积极性。这样使得失能老人更可能得到有效的照料服务，从而避免陷入照料贫困的困境。就子代给予父代经济支持特征来看，向上的代际经济支持提高了失能老人陷入照料贫困的可能性。这个结果可能不符合一般认知，但也在情理之中。可能的影响机制是，在当前妇女就业参与率提升，工资水平上升，人口流动频繁的社会变迁背景下，子女照料老人的机会成本较高，基于经济理性，为追求家庭收益最大化，他们可能会通过增加对老人的经济支持，从而减少生活照料。抑或从养老分工角度来看，子女如果不能亲自对老人的照料需求提供人力支持，则会倾向于进行经济补偿。经济补偿水平越高，老人获得的子女照料可能越少。利用经济支持来替代亲自提供照料服务，这种情况在一定程度上导致居家失能老人来自家庭的照料服务萎缩，增加了照料贫困发生的可能性。

子女针对失能老人的照料强度和照料支出可以直观反映针对照料所投入的资源多少和质量高低。子女每周提供的照料时间越长，所花费的照料支出越多，意味着所投入的照料资源越多，那么失能老人越可能得到高质量的照料服务。数据显示，照料强度越大，失能老人陷入照料贫困的可能性越小。从照料表现方面来看，主要照料者的意愿对失能老人照料贫困状况具有显著影响。主要照料者的照料态度越消极，失能老人发生照料贫困的可能性越大。可能的原因是相比西方老人较强的自主选择权，在我国传统观念影响下，被照料者的照料资源获得和照料服务的选择过程中主要照料者的作用不可忽略。主要照料者的意愿很大程度上决定了失能老人能够获得照料资源的数量和质量。这从侧面反映了有必要通过公共政策介入给子女等家庭成员提供社会支持，从而提高他们的照料意愿，支持他们投入更多的时间、精力以及资源来提供家庭照料，从而提高失能老人的照料需求满足率，减少照料贫困的发生。

4. 正式社会支持因素对居家失能老人照料贫困状况的影响

模型4显示了正式社会支持因素对失能老人照料贫困状况的影响。从社会养老保险方面来看，是否拥有经济保障对失能老人的照料贫困状况应该具有一定的影响，但不具有统计上的显著性。拥有社会养老保险的失能老人发生照料贫困的可能性是没有社会养老保险的失能老人的0.778倍。国家提供制度化的养老保险对失能老人获取充足的服务保障具有重要的作用。而社会医疗保险变量不具有统计上的显著性，对失能老人照料贫困状况没有影响。社区是否提供日常生活照料服务是影响失能老人照料贫困状况的关键变量，数据显示，居家失能老人所在社区如果提供日常生活照料服务，那么发生照料贫困的可能性显著低于没有提供照料服务的社区的失能老人。原因可能是，一方面，社区提供基本生活照料服务，拓宽了居家失能老人照料服务的供给来源，在家庭照料服务缺位或不足的情况下，社区照料服务可以进行补充或替代，从而显著降低了失能老人陷入照料贫困的可能性；另一方面，失能老人居住在家中，不仅能够获得来自家庭的照料，而且社区照料服务在一定程度上可以减轻家庭照料者的现实负担和精神压力，从而有助于获得更高质量的服务。社区上门医疗服务对失能老人的照料贫困状况在统计上并不显著，但可以获得社区上门医疗服务的失能老人发生照料贫困的可能性相对较低。

（二）共性与差异：分城乡失能老人照料贫困的回归分析与结果

长期以来在城乡二元结构的分割下，城乡社会经济发展和福利供给差距逐渐拉大，客观上不可避免地导致城乡社会福利的分层。同时，在人口快速城镇化的推进下，城乡人口流动频繁，大规模的农村青壮年人口向城市迁移同样成为不争的社会事实。在此社会转型变迁的背景下，城乡失能老人所能获得的照料资源必然存在较大的差异。通过前文的分析，我们知道，城乡失能老人的照料贫困状况存在明显的区别，那么影响他们照料贫困发生的机制是否也存在共性和差异呢？只有充分理解城乡居家失能老人照料贫困影响机制的不同，方能有针对性地纾解他们的照料贫困问题。所以，本部分将着重比较城镇和农村失能老人在照料贫困发生机制方面的共性与差异。在实证分析过程中，本章将样本群体分为城镇失能老人样本和农村失能老人样本两个部分，然后分别进行回归分析。与上文的分析相同，因变量是居家失能老人的照料贫困状况，自变量和控制变量主要包括失能老人的家庭资源禀赋因素、代际支持因素、正式社会支持因素和个体特征因素等。为便于比较城乡失能老人在影响机制方面的共性与差异，本部分直接展示纳入所有变量的全模型的回归结果。回归分析结果如表4-3所示。

1. 城乡失能老人照料贫困发生影响因素的共性分析

所谓城乡居家失能老人照料贫困发生影响因素的共性，是指考察对城镇和农村失能老人照料贫困发生都有影响的变量的作用。接下来继续从控制变量因素、家庭资源禀赋因素、代际支持因素以及正式社会支持因素四个方面进行分析。从表4-3不难看出如下特点。

第一，失能老人个体特征方面表现出的共性影响因素。就性别特征而言，性别对农村和城镇的失能老人照料贫困的发生没有显著影响，但数据显示男性失能老人相比女性失能老人更容易陷入照料贫困。无论城镇还是农村，年龄对失能老人照料贫困状况均具有显著影响，随着年龄增长，发生照料贫困的概率明显降低。这说明城乡低龄失能老人都是照料贫困发生的高风险群体。有配偶在一定程度上可以降低城镇和农村失能老人照料贫困发生的可能性，但是在统计上并不显著。

第二，家庭资源禀赋方面表现出来的共性影响因素。无论城镇还是农村，失能老人的家庭地位越高，陷入照料贫困的可能性越小。尤其是在农村，失能老人如果对所有的家庭开支都能做主，那么其发生照料贫困的可能性较低。这从侧面反映出当前在"孝道衰落"的背景下通过孝文化建设，提升老年人的话语权和家庭地位，对帮助失能老人获得有效的、充足的照料服务具有重要的现实意义。无论城镇还是农村，生活来源是否够用都是决定失能老人自身照料贫困状况的关键因素。生活来源够用的失能老人发生照料贫困的概率相比生活来源不够用的失能老人低很多。这表明，通过政策和制度构建确保失能老人自身维持一定的收入水平，从而确保其日常生活花销，对失能老人的照料资源获得具有重要作用。居住方式对城乡失能老人照料贫困状况都具有显著的影响。数据显示，与家人同住的失能老人相比独居的失能老人发生照料贫困的概率更低。

第三，代际支持方面表现出来的共性影响因素。无论城镇还是农村，失能老人给予子代照料者一定的经济赠予，都显著降低了照料贫困发生的可能性。来自父代的经济上的援助作为对子代照料付出的一种补偿和肯定，可以提升子代的照料积极性。当然，这个由上向下的经济流动有一个基本的前提，即老年父母具有一定的经济来源抑或说可支配收入。可以推断，那些没有收入能力的失能老人，因缺乏交换的资本，可能得不到来自家庭足够的支持。此外，无论城镇还是农村，照料强度越大、照料支出越多，失能老人陷入照料贫困的可能性均越小。

第四，正式社会支持方面表现出来的共性影响因素。无论城镇还是农村，社区中提供日常生活起居照料服务对失能老人的照料获得都具有显著的正向影响。社区中提供日常生活起居照料服务的失能老人陷入照料贫困的可能性显著低于社区未提供日常生活起居照料服务的失能老人。可能的影响机制在于，不管是城镇还是农村的居家失能老人，在家庭照料服务缺位或不足的情况下，都有机会通过其他途径获得基本生活照料服务，可以有效弥补家庭照料不足，从而降低陷入照料贫困的可能性。这从侧面反映出大力发展社区居家养老服务在纾解失能老人照料贫困方面具有重要的作用。

表4-3 影响农村和城镇失能老人照料贫困状况的 Logistic 回归分析

变量	exp（B）	
	农村样本	城镇样本
性别（女性=参照）	1.699	1.126
年龄	0.985*	0.954***
区域（东部=参照）		
中部	1.689*	1.186
西部	2.645**	1.164
婚姻状况（无配偶=参照）	0.744	0.615
失能程度（轻度=参照）		
中度失能	2.091**	1.126
重度失能	3.831***	0.967
失能持续期	0.903	0.937
家庭地位（任何开支都不做主=参照）		
只能对自己的做主	0.866	0.932
非主要开支能做主	0.657	1.286
几乎所有开支都能做主	0.198**	0.475*
家庭年收入	0.901**	1.111
生活来源是否够用（不够用=参照）	0.409**	0.670**
居住类型（与家人同住=参照）	1.948**	2.204*
子女数量	1.001	0.954*
子代经济支持（向上）	0.945**	1.021**
父代经济援助（向下）	0.848***	0.944*
照料强度	0.928	1.002*
照料支出	0.961	1.070*
支持意愿（愿意=参照）		
不愿意	3.645	3.369*
力不从心	2.144	12.52***
社会养老保险（否=参照）	0.905	0.813**
社会医疗保险（否=参照）	0.783	0.916
社区提供照料服务（否=参照）	0.084**	0.701*
社区上门医疗服务（否=参照）	0.481***	1.603

续表

变量	exp（B）	
	农村样本	城镇样本
_cons	116.28**	44.914**
R^2	0.219	0.124

注：$^*p < 0.10$，$^{**}p < 0.05$，$^{***}p < 0.01$；括号内为参照组。

2. 城乡失能老人照料贫困发生影响因素的差异性分析

所谓城乡居家失能老人照料贫困发生影响因素的差异性，是指识别出对城镇和农村失能老人照料贫困发生都有不同影响的变量的作用。本部分也还将从控制变量因素、家庭资源禀赋因素、代际支持因素以及正式社会支持因素四个方面进行分析。基于表4-3的回归结果，可以发现如下特点。

第一，失能老人个体特征影响照料贫困发生方面的差异。区域是影响农村失能老人照料贫困发生的关键因素，但是对城镇失能老人而言没有显著影响。原因可能是，中部和西部农村社会经济发展相比东部落后，农村失能老人的照料资源更为紧张。另外，中西部农村是我国劳动力外流的主要来源地，因外出务工导致的居住远距离隔离，限制了年轻子女的照料服务供给。而不论是东部还是中西部的城镇失能老人则具有很大的同质性，中西部城镇失能老人在获取照料资源方面相比东部失能老人并没有明显的弱势。这也启示我们，中西部农村地区失能老人陷入照料贫困的风险更高，应该是社会政策重点关注的群体。失能程度对农村失能老人的照料贫困状况具有显著的影响。随着失能程度的加重，失能老人需要外界提供服务援助的项目不断增多，相应的照料任务会更重和照料花费会更多，在家庭照料资源约束的情况下，更容易陷入照料贫困的困境。

第二，家庭资源禀赋因素在影响失能老人照料贫困状况方面的差异。家庭收入对农村失能老人照料贫困状况具有显著的影响，而对城镇失能老人则没有显著影响。农村失能老人家庭收入越高，发生照料贫困的可能性越小。这表明家庭收入的高低对农村失能老人非常重要，如果家庭收入较低，那么农村失能老人获得的家庭支持则可能会比较少。而城镇失能老人的照料贫困状况受家庭总收入的影响不大。可能的原因是城镇失能老人大部分拥有稳定的养老金，即使家庭总收入不高，也并不影响其个体的生活来源。而农村失能老人一旦丧失生活自理能力，则意味着丧失了收入能力，那么其生活来源则主要依赖家庭提供支持。子女数量对农村失能老人照料贫困状况没有显著影响。对城镇失能老人而言，子女数量越多，其陷入照料贫困的概率越低。可能的原因是当前农村养老责任的承担主要集中在儿子身上，同时子女在照料失能老人问题上存在"搭便车"的现象，相互推诿，那么多子女的"风险分散效应"和"规模效应"将很难体现（苏群等，2015）。而在城镇，儿子和女儿共同承担养老责任的比例则比较高，尤其是女儿在赡养父母方面发挥的作用越来越大，有研究表明女性对母系家庭予以养老支持已经逐步成为潮流，而女儿养老模式在城镇则更为普遍和更易于实现（郑丹丹、狄金华，2017）。

第三，代际支持因素在影响失能老人照料贫困状况方面的差异。针对子代对父代的经济支持变量，其对城镇和农村失能老人照料贫困状况的影响存在明显的区别。数据显示，子代对父代的经济支持，显著影响城乡失能老人的照料贫困状况，但是其影响方向是相反的。就农村失能老人而言，子代给予父代经济支持显著降低了其陷入照料贫困的概率；而就城镇失能老人而言，子代给予父代经济支持显著提升了其陷入照料贫困的概率。可能的原因在于城乡失能老人对子代的期望不同，对农村居家失能老人而言，其对子女迫于生计压力外出务工是非常理解和支持的，尽管没有直接提供照料支持，但是如果子女给予了经济方面的支持，他们也会认为子女尽到了养老的责任。同时，这些经济支持恰恰是老人所欠缺的，通过子女的经济支持，就可以在农村维持基本的生活质量，所以农村失能老人在获得子女的经济支持之后往往具有较高的照料需求满足感，发生照料贫困的可能性则会降低。而对城镇居家失能老人而言，他们本身具有一定的经济保障，子女给予经济支持的边际效用往往是递减的。同时，子女因工作需要通过增加经济支持来减少亲自提供照料支持会直接导致失能老人获得的来自家庭的照料服务减少,从而使得照料贫困发生的概率增加。从照料表现方面来看,主要照料者的意愿对城镇失能老人的照料满足程度有显著影响。在照料过程中表现出不愿意或者力不从心,将显著提高失能老人照料贫困发生的概率。可能的机制在于,照料表现意味着照料者在投入照料资源方面的态度。如果照料者本身主观上不愿意照料失能老人,那么其在照料时间、精力、情感和金钱上的投入态度可能也不会太积极。

第四,正式社会支持因素在影响失能老人照料贫困状况方面的差异。社会养老保险对城乡失能老人照料贫困状况的影响明显不同。社会养老保险对农村失能老人照料贫困状况没有显著影响,而对城镇失能老人的照料贫困状况具有显著影响。城镇失能老人中拥有社会养老保险的发生照料贫困的可能性显著低于没有社会养老保险的。可能的原因在于农村社会养老保险的待遇水平较低,每月的社会养老保险收入多是象征性的,在应对照料贫困方面的作用并不明显。而城镇社会养老保险待遇水平较高,城镇失能老人借助社会养老保险金可以通过交换获取来自子女或社会的养老服务供给,从而显著降低陷入照料贫困的可能性。社区上门医疗服务显著降低了农村失能老人的照料贫困发生概率,对城镇失能老人没有显著影响。可能的原因是农村社区医疗服务供给率和供给水平不高,如果社区提供上门医疗服务可以显著提高失能老人的照料需求满足感。

小　结

本章利用 2014 年中国老年人健康长寿影响因素调查(CLHLS)数据,使用描述分析和回归分析方法,深入考察了失能老人发生照料贫困的影响因素。本章基于对社会支持理论的分析,为变量选择提供了依据。在变量设置方面,将失能老人的照料贫困状况作为因变量,将失能老人的家庭资源禀赋、代际支持和正式社会支持视为解释变量,以反映社会支持与照料贫困的关系。还选取了失能老人的人口学特征和健康状况作为控制变量，并对所选变量进行初步描述统计。此外，围绕二元离散回归模型基本原理和模型构建进行了阐释。在上述准备的基础上，设定了本章的实证分析策略，并利用 Logistic 回归模型实证分析了失能老人发生照料贫困的影响因素。首先，利用全样本考察了失能老人的家庭资源禀赋因素、代际支持因素和正式社会支持因素对照料贫困的影响。研究发现有如下几点。第一，从个体特征来看，居家失能老人的年龄特征、失能程度和区域特征对照料贫困状况具有显著影响。低龄失能老人以及失能程度较重和处于中西部农村的失能老人发生照料贫困的风险较大。第二，从家庭资源禀赋特征来看，居家失能老人的家庭地位、自身经济状况、居住方式以及子女数量都显著影响照料贫困的发生。家庭地位较高、经济状况较好、和家人同住的失能老人发生照料贫困的概率较低。第三，家庭代际支持因素是解释失能老人照料贫困状况的关键因素，代际的经济支持和照料表现对失能老人照料贫困状况具有显著的影响。第四，正式社会支持对失能老人而言意义重大，享有社会养老保险以及失能老人所在社区提供日常生活起居照料服务的往往能够获得较为充足的照料，陷入照料贫困的概率较低。其次，利用分样本考察了城镇和农村失能老人照料贫困发生影响因素的共性与差异，发现各类因素对城乡失能老人的影响程度和方向存在一定的区别。这启示我们在制定纾解失能老人照料贫困的社会政策时，必须从实际存在的城乡差异出发，深入考虑城乡失能老人在照料贫困发生率和照料资源获取方面存在的差异，实现精准施策。

第五章　失能老人照料贫困深层致因分析

前文的实证分析，从失能老人个体层面、家庭层面、代际支持层面和正式社会支持层面四个维度，深入考察了失能老人照料贫困发生的影响因素，识别了各类因素对失能老人照料贫困发生的影响方向和程度。也就是说，通过实证分析，有效识别了致使失能老人陷入照料贫困的直接诱因。这些因素的识别，为我们考察造成失能老人陷入照料贫困的深层致因奠定了坚实的分析基础和着力方向。我们知道，在当前针对失能老人这一双重弱势老年群体的专业化、社会化照料服务体系建设尚处于探索阶段，家庭尤其是子女在失能老人的日常生活照料中依然承担着最主要的责任。然而，社会经济转型、家庭结构变迁、传统代际关系逆转以及家庭照料的财务成本和机会成本不断上涨，都给失能老人获得充足、有效的照料服务带来了严峻的挑战。所以，失能老人的照料贫困问题，不仅仅是家庭内部的事情，更是整个社会发展转型出现的新的社会性问题。因此，对失能老人的照料贫困问题深层致因的考察，视野不应仅仅局限在家庭内部层面，更要从宏观政策层面和体制机制层面加以综合探究。在福利多元主义理论看来，政府、市场、社区和家庭构成了社会福利供给的基本框架。照料贫困的发生实质上反映了社会福利供给的不足。所以，本章将基于实证分析结果，结合福利多元主义理论，从政府、市场、社区及家庭四个维度考察失能老人照料贫困发生的深层致因。

一 政府层面：长期照料服务的社会政策支持不足

在失能老人规模持续扩大的宏观背景下，其养老需求不单单是追求良好的经济保障，也对高质量的生活照料服务提出了更高的要求。为此，针对失能老人，确保其养老权益得到保障的专项法律法规等制度建设具有现实紧迫性。然而，我们对区别于普通老人的失能老人的特殊性重视不足，目前关于失能老人长期照料服务问题的专项法律法规基本处于空白状态。除《老年人权益保障法》外，与长期照料服务有关的法条基本是分散不同的法律法规中的，缺乏全国性的专门用于规范长期照料服务发展的单项行政法规。当前主要依靠部门规章、地方规章和规范性文件指导长期照料服务事业。由于缺乏专项的立法、专项的规划和政策支持，对失能老人的帮扶政策多是从属性的，散落在各项养老立法及政策之中，致使针对失能老人的长期照料服务体系顶层设计不足，缺乏长期和近期规划。

（一）失能老人长期照料专项政策法规缺位

1. 缺乏针对失能老人长期照料服务的专项立法

我国自1999年末进入老龄化社会以来，老年人口数量快速增长，失能老人的规模也不断扩大，加之大规模的城乡人口流动，给我国传统的养老模式带来了很大的冲击。面对快速推进的人口老龄化进程，我国相继出台了诸多老龄政策。其中，涉及失能老人的照料政策经历了从缓慢发展到快速完善两个阶段。通过提炼不同阶段的主要特征，依据国家出台的相关政策文件内容，分两个阶段梳理了失能老人照料政策的演变进程。据此发现，随着人口老龄化进程快速推进，国家涉老政策的落脚点越发倾向于支持失能老人。尤其是2013年以后，有关提升失能老人照料服务质量的配套政策相继出台。这些内容不仅涉及护理补贴和保险等资金保障，还涉及养老优待、医养结合设施、特色照顾等服务配套（见表5-1）。

表5-1 进入老龄化社会以来我国涉及失能老人照料政策演进的两个阶段

年份	阶段性特征	代表性政策	代表性法规和文件
1999~2012	随着老龄化推进，与养老照料有关的政策先后出台，但尚未形成体系	发展社会养老服务机构，支持发展老年护理业务	《关于加快发展养老服务业的意见》（国办发〔2006〕6号）
		企业职工养老保险试点；新型农村合作养老保险和医疗保险	《民政事业发展第十一个五年规划》（2007）
		城镇职工养老保险和医疗保险	《中华人民共和国社会保险法》（2010）
		重点发展居家养老服务，大力发展社区照料服务	《国务院关于印发中国老龄事业发展"十二五"规划的通知》（国发〔2011〕28号）
		给予护理补贴，逐步开展长期护理保障	《中华人民共和国老年人权益保障法》（2012）
2013年至今	涉及失能老人照料服务的政策不断出台，完善并逐渐走向医养融合	实施社区无障碍环境改造；发展居家养老便捷服务	《国务院关于加快发展养老服务业的若干意见》（国发〔2013〕35号）
		失能护理补贴	《财政部 民政部 全国老龄工作委员会办公室关于建立健全经济困难的高龄 失能等老年人补贴制度的通知》（财社〔2014〕113号）
		对经济特困的失能老人给予生活照料	《社会救助暂行办法》（2014）
		失能收入损失保险	《中华人民共和国老年人权益保障法》（2015）
		长期护理保险试点	《人力资源社会保障部办公厅关于开展长期护理保险制度试点的指导意见》（人社厅发〔2016〕80号）
		医养融合发展；特色照顾服务；失能老人补贴与长期护理保险衔接，完善居家、社区、机构相衔接的专业化长期照护服务体系	《国务院办公厅关于制定和实施老年人照顾服务项目的意见》（国办发〔2017〕52号）

续表

年份	阶段性特征	代表性政策	代表性法规和文件
2013年至今	涉及失能老人照料服务的政策不断出台,完善并逐渐走向医养融合	完善全国统一的老年人能力评估标准,评估结果作为领取老年人补贴、接受基本养老服务的依据	《国务院办公厅关于推进养老服务发展的意见》(国办发〔2019〕5号)

资料来源:根据国家相关政策法律文件整理得到。

但是,在有关失能老人的政策支持力度不断加大的同时,应该看到我国尚缺乏针对失能老人长期照料服务保障制度的立法。这一点从根本上导致关于失能老人的制度建设缺乏权威性,没有针对失能老人的专项政策和规划。而相关法律虽有宏观要求,但缺少具体可操作的政策,客观上导致迫切需要发展的长期照料服务事业发展滞后。从政策对象和内容来看,多是面向所有老人的政策规划,缺乏重点突破。诸如养老服务的社区建设、服务产业的发展、人力资源、政府购买服务、机构建设、护理康复等涉及养老的方方面面,几乎所有政策都提到了失能老人,但是缺乏精准定位,将失能老人与高龄、特困、空巢以及"失独"老人并列提出,聚焦4000余万名失能老人的专项照料政策尚未出台(陆杰华、沙迪,2018)。

2. 涉老法律法规缺乏细化且难以有效落地

2012年修订的《中华人民共和国老年人权益保障法》(以下简称《老年人权益保障法》)第一次提出了"对生活不能自理、经济困难的老年人,地方各级人民政府应当根据其失能程度等情况给予护理补贴"。《老年人权益保障法》从公民权益角度提出用法律保障老年人养老权益,但该法律仅是原则性规定地方各级人民政府"应当"根据失能程度给予护理补贴,而非"必须",这就给地方各级政府留下了选择性空间。同时,地方政府在如何确定补贴对象、拟定补贴标准等方面缺乏指导性的法律规定。例如,有些省份的护理津贴对象仅限于"低保"家庭和低收入困难家庭,覆盖对象极其有限。2010年出台的《中华人民共和国社会保险法》

中规定因工伤生活不能自理的，经劳动能力鉴定委员会确认的生活护理费，按照国家规定从工伤保险基金中支付，这一规定的适用对象不包含失能老人。2014年出台的《社会救助暂行办法》中对"生活不能自理的给予生活照料"的规定仅限于特困人员。如果失能老人不属于特困人员，那么就不属于社会救助的范围。可见，当前我国相关法律对失能老人的长期照料帮扶比较有限，且有限的原则性规定也因过于宏观而难以有效落地。

其实，鉴于失能老人的特殊之处，针对他们的长期照料政策不仅是老年人养老政策的重要组成部分，更是凸显失能老人个性化照顾的关键，将对其生活与健康产生积极效应。然而，由于目前对失能老人的帮扶政策多是从属性的，散落于各项养老立法及政策之中，在一定程度上制约了我国长期照料服务保障体系的进一步发展。从国际比较视角来看，许多进入老龄化的国家进行了长期照料立法。立法内容都会对受益资格、等级评定、服务提供者、资金筹集、覆盖面、费用支出等方面进行细致的规定，如以色列1988年实施的《社区长期照护保险法》、奥地利1994年通过的《长期照护津贴法案》、英国1990年颁布的《社区照顾法》、法国2001年颁布的《老年人健康保险支出的国家标准》等。这些国家都通过具体的立法，将长期照护服务内容细化，落实在家庭照料、照护社区和照料机构等各服务环节之中（肖云，2017）。我国在长期照料服务立法方面的缺位，导致相关政策制定缺乏法律依据，因此也就难以出台针对失能老人的专项政策。同时，各级涉老宏观政策多于具体可操作的政策，使得相关法律规定无法全面具体落实。

（二）面向失能老人非正式照料者的社会支持政策不足

《老年人权益保障法》提出"建立健全家庭养老支持政策，为家庭成员照料老年人提供帮助"。在《"十三五"国家老龄事业发展和养老体系建设规划》中又提出"逐步建立支持家庭养老的政策体系，支持成年子女与老年父母共同生活，履行赡养义务和承担照料责任"。但是，这些顶层设计的政策要求在具体落实中尚未形成完整的支持系统。

1. 法律层面没有承认和保护照料者权利的立法支持

我国《宪法》、《老年人权益保障法》、《民法通则》、《婚姻法》以及《劳动法》等重要法律法规中，都对保护老年人的权益做出了明确规定。但是，这些涉老法规并没有考虑对老年人权益实现有着重要作用的非正式照料者的权益保障问题。就失能老人的照料者而言，长期照料不可避免地使他们的受教育权、工作权、休息权等基本权利受到损害。如果政府将家庭成员的照料服务视为社会劳动，而向这些家庭非正式照料者提供补充保障，则相当于为照料服务人员发放"工资"。其实，从权利保障角度来看，他们的权利需求应该得到支持。通过立法，承认和保障照料者的权利，使家庭照料者作为一个显性的群体存在，从而得到国家和社会的肯定。因此，大多数发达国家非常强调法治在社会福利领域中的作用，通过立法保护非正式照料者，以维护非正式照料者的合法权益，并使老年人间接获益。如英国的立法特别关注非正式照料的持续和非正式照料者的福利，2005 年颁布的《照料者机会均等法案》致力于给照顾生病或残疾亲属或伴侣的人提供支持，包括信息、工作机会、教育与终身学习等（李俊，2018）。德国在 2008 年颁布实施的《照护休假法案》中规定，雇员为照料近亲而不得不离开工作岗位，如果雇员申请保留工作，则雇主必须给予雇员最长 6 个月停薪留职的照料休假。

2. 政策层面尚未形成系统的人力支持和服务支持系统

当前国家层面对老龄问题非常重视，并将积极应对人口老龄化提升为国家战略，但针对老年人构建的养老支持系统顶层设计尚未完全落地。首先，由社区工作者、医务工作者、照料护理员、社会工作者、志愿者以及非正式组织等全社会参与的居家养老人力支持系统尚未成形。其次，社区医疗点就近提供的医疗服务、志愿者组织提供的临时服务、社会工作者的上门服务、国家针对困难失能老人的购买服务多是零星和分散的。同时，针对医疗康复系统如何为居家失能老人提供康复服务，由哪些部门和主体对失能老人进行服务需求评估、确定服务支持的方式和时间以及政府购买的服务如何覆盖到居家失能老人等深层次的问题也没有完全落实到各地的具体政策之中（肖云，2017）。最后，我国在不同的喘息支持，如日间照料、居家喘息和机构喘息方面的发展不足，对特殊照料者如女性、老年照料者以及社会经济地位较低的照料者缺乏倾斜性的政策支持（李俊，2018）。总的来说，当前我国针对非正式照料者的社会支持体系不够完善，大部分居家失能老人的长期照料仍然通过事实上的家庭照料获得，政府倡导的以社区为依托的居家养老服务尚未完全实现。

二 市场层面：社会养老服务供需失衡与利用不足问题并存

养老服务市场是失能老人除家庭之外获取长期照料服务的重要途径。当家庭照料不足以满足其长期照料需求时，能否从市场上补充照料服务缺口对失能老人是否陷入照料贫困发挥着重要作用。换句话说，养老服务资源的市场供给状况在很大程度上影响居家失能老人的照料需求满足状况。进一步从照料需求方面来讲，随着经济发展、社会进步以及生活水平的提高，失能老人群体的社会经济特征呈现明显的分化，照料需求亦呈现多元化、多样化、多层次化的发展趋势。失能老人群体对医疗卫生保健、生活照料服务、外出购物、精神慰藉、文化健身等方面的需求不断增加。伴随经济发展和社会转型、家庭结构呈现倒金字塔形态、家庭规模逐渐小型化、老年空巢家庭不断增多，传统的家庭照料和养护功能逐渐弱化。加之城镇化进程推进，人口城乡流动速度加快，代际分离现象严重以及居住模式的变迁，在很大程度上造成家庭照料"失灵"和支持功能"缺位"。在此背景下，有限的家庭养老资源越来越难以满足失能老人多层次的照料需求。因此，未来失能老人长期照料服务的供给必然会由单纯的家庭内部行为转化为更加广泛的社会化行为。

（一）城乡社区社会养老服务的供给、需求和供需缺口

基于2014年CLHLS调查数据我们计算得出当前失能老人养老

服务供给、需求以及供需差的基本状况（见表5-2）。从供给方面来看，第一，城乡社区的社会养老服务供给水平较低，大多数项目的供给率低于20%。具体而言，起居照料服务和精神慰藉服务的供给率较低，分别为4.71%和6.99%。日常购物服务、开展法律援助服务和组织社会活动服务供给水平稍高，但也低于20%。上门看病服务和提供保健知识服务供给水平较高，但是供给率也仅在35%左右。第二，城乡社区的社会养老服务项目供给水平存在明显差异，尤其在起居照料、上门看病、日常购物服务方面存在较大差距。数据显示：农村社区起居照料服务的整体供给水平较低，仅有3.52%的农村社区为老年人提供了起居照料服务。在农村年轻劳动力人口大量流入城市的背景下，家庭照料功能严重弱化，农村老年人对起居照料服务的需求更为迫切。城镇社区的起居照料服务供给水平也相对较低，仅有5.90%的城镇社区为老年人提供了起居照料服务。农村社区由于居住的地理空间较小，所以乡村医生提供上门看病、送药服务的社区比例较高，有39.20%的农村社区为老年人提供了上门看病服务。但是，鉴于农村医疗服务供给质量偏低，仅能满足一般的医疗服务需求，至于专业的长期照料服务需求则难以有效满足。此外，值得重视的是农村失能老人的精神慰藉问题没有得到应有的重视。从精神慰藉服务供给来看，仅有5.73%的农村社区为老年人提供了该项服务。这一供给水平明显低于城市8.25%的供给水平。在现实生活中，精神慰藉服务往往容易被忽视，但其对失能老人的健康而言极其重要。

整体而言，农村社区中的上门看病服务、组织社会活动服务和提供保健知识服务方面的供给水平稍微高于城市社区。而在起居照料服务、精神慰藉服务、开展法律援助服务方面的供给水平则明显低于城市社区。这一方面反映了农村社会养老服务产业发展相对城市而言比较滞后，另一方面反映了农村社会养老服务供给形势更为严峻，在满足农村失能老人长期照料服务需求方面面临更大的挑战。

表5-2 社区养老服务项目的供给、需求和供需差状况

单位：%

类别 服务项目	总体			农村			城镇		
	供给 (A)	需求 (B)	供需差 (A-B)	供给 (A)	需求 (B)	供需差 (A-B)	供给 (A)	需求 (B)	供需差 (A-B)
起居照料	4.71	60.27	-55.56	3.52	64.87	-61.35	5.90	55.65	-49.75
上门看病	35.40	85.51	-50.11	39.20	88.38	-49.18	31.60	76.64	-45.04
精神慰藉	6.99	63.94	-56.95	5.73	68.13	-62.40	8.25	59.73	-51.48
日常购物	10.99	54.66	-43.67	13.85	59.08	-45.23	7.93	50.25	-42.32
组织社会活动	16.15	58.75	-42.60	17.80	62.71	-44.91	14.50	54.81	-40.31
开展法律援助	11.01	57.77	-46.76	10.88	61.60	-50.72	11.13	53.98	-42.85
提供保健知识	35.07	73.67	-38.60	35.33	76.49	-41.16	34.62	70.88	-36.26

资料来源：根据2014年中国老年人健康长寿影响因素调查（CLHLS）数据整理得出。

从需求方面来看，城乡失能老人对社区养老服务项目的需求普遍比较旺盛，所有项目的需求率均在50%以上，这在一定程度上反映了当前家庭在养老服务供给方面不足以满足失能老人的养老服务需求，使得他们需要向社会寻求养老服务来替代家庭养老服务的缺失。同时，农村和城镇的失能老人对社区养老服务的需求内容没有明显差异，但农村失能老人对各项养老服务需求的比例普遍高于城镇失能老人。

从供给和需求的差值来看，针对失能老人的社区养老服务供给不足，需求旺盛，存在明显的供需失衡现象。表中所列7项基本社会养老服务的供给均小于需求，而且供需失衡现象比较严重，供给和需求之间的差异非常大。在具体的社会养老服务项目上，起居照料的供给覆盖率仅为4.71%，而需求达到60.27%，供需差

达到 55.56%。同时，上门看病服务和精神慰藉服务的供需差也分别达到 50.11% 和 56.95%。起居照料、上门看病和精神慰藉三项非常重要的养老服务供需差都在 50% 以上。可见，当前我国针对失能老人的社区照料服务的整体供给小于总需求，有效供给的不足，在一定程度上制约了失能老人通过市场途径获取充足的长期照料服务，从而陷入照料贫困的困境。

然而，除供给和需求之外，我们还可以通过失能老人对已有的社区养老服务的利用状况来考察供给效率，从而进一步探究失能老人照料贫困的深层致因。表 5-3 呈现了全国和分城乡失能老人的社区养老服务资源利用状况。从中可以发现，我国失能老人对社区养老服务资源的利用非常有限，只有很小一部分失能老人的日常生活照料资源来自社会养老服务。同时，城镇失能老人利用社区养老服务的比例高于农村失能老人。这一方面反映了城乡老年人获取养老服务的途径存在差异，另一方面也反映了城镇的社区养老服务供给水平高于农村。

表 5-3 失能老人的社区养老服务利用率状况

单位：%

类别	总体	农村	城镇
社区养老服务	2.2	1.1	3.33
上门护理	2.55	2.13	2.92
上门看病	6.81	9.13	4.79
康复治疗	1.42	0.43	1

资料来源：针对社区养老服务项目总的利用率数据来自 2014 年中国老年人健康长寿影响因素调查（CLHLS）数据；针对上门护理、上门看病和康复治疗三项具体社区服务的利用率数据来自 2014 年中国老年社会追踪调查（CLASS）数据。

基于以上分析可以发现，失能老人社区养老服务的需求水平高于供给水平，但是实际利用社区养老服务的水平又比较低。有效利用的不足，导致失能老人社会养老服务需求满足率不高，在一定程度上限制了社区养老服务项目供给水平的提高。同时，失能老人较低的社会养老服务利用率，又在一定程度上造成了社区养老服务供给相对过剩的状况。

(二) 社区养老服务机构和养老服务设施利用不充分

上文基于微观调查数据分析了社区养老服务的供给、需求和利用状况，下面将进一步利用宏观统计数据分析社会养老服务机构和社区养老服务机构设施的建设和利用情况，以此窥探失能老人陷入照料贫困的原因。表 5-4 呈现了近三年我国养老服务机构和设施建设情况以及利用情况，从中可以看出以下特点：一是相对我国失能老人的整体规模而言，我国目前所具备的养老床位供给数量不多，人均床位占有率还有待提高；二是从养老服务机构数量和床位数量变化来看，近年来我国养老服务机构数量和床位数量持续增长，养老服务机构硬件建设水平持续提高；三是社区养老服务机构和设施以及床位数量也呈现持续增长的态势。这表明政府在养老服务机构的建设方面非常重视。然而，从养老服务机构和社区养老服务机构的收养人数和床位利用率方面来看，养老服务机构供养的老年人口数量增加，但利用率下降；社区养老服务机构和设施的利用率处于较低水平。通常来讲，失能老人应是机构养老的首要群体，是对养老服务机构依赖程度最高的群体。而养老服务机构约 60% 的利用率和社区养老服务机构（日间照料中心）仅约 33% 的利用率，反映出最有机构照料需求的失能老人入住各类养老服务机构的比例处于较低水平。本应该得到充分利用的养老服务机构也依然面临供给相对过剩的困境。

表 5-4 2015~2017 年我国养老服务机构和设施建设及收养人数状况

年度	2015	2016	2017
养老服务机构（万个）	2.77	2.85	2.9
床位（万张）	358.2	378.8	406.3
收养人数（万人）	214.8	219.8	—
利用率（%）	60.0	58.0	—
社区养老服务机构和设施（万个）	8.8	11.1	12.6
床位（万张）	298.1	322.8	338.5

续表

年度	2015	2016	2017
收养人数（万人）	94.5	107.9	—
利用率（%）	31.7	33.4	—

注：社区养老服务机构和设施包括社区留宿床位和日间照料中心床位。
资料来源：2015~2017年《中国民政统计年鉴》和2015~2017年《社会服务发展统计公报》。

总之，当前我国养老服务机构和社区养老服务机构呈现供给小于需求而又供给相对过剩的不平衡局面，换句话说，社会养老服务市场存在服务供给水平小于服务需求水平形成的总体供给不足与供给大于有效利用形成的供给相对过剩之间的矛盾。当前，中国社会养老服务发展面临的主要问题就是社会提供的养老服务没有得到充分利用。同时，很多养老机构不愿意接收自理能力差甚至不能自理的残疾老人，导致具有机构养老需求的失能老人的长期照料服务需求不能通过机构得到满足（徐宏，2017）。其实，对于完全照料贫困的失能老人，如果能够由养老机构"托底"，则可以有效避免照料贫困的发生。可以说社会养老服务总体供给不足而又相对过剩的结构性失衡成为我国失能老人陷入照料贫困的主要诱因之一。

三 社区层面：社区缺乏开展长期照料服务的必要条件

社区是居家失能老人获取长期照料服务的重要载体，是连接社会养老服务资源与失能老人的"桥梁"。尤其是在"去机构化"和"就地老化"理念的影响下，充分依托社区服务支持，提升家庭养老功能及能力成为国家和社会的共识。我国提出的"居家为基础，社区为依托"，实质上是让大部分老人居住在家中，由社区主要提供各类养老照料服务。从这个角度而言，居家失能老人的长期照料和社区的服务支持互为表里，不能割裂。社区支持是指社区居委会、村委会、社区服务中心以及其他社区内的各方面力量为社区内的居民提供的公共服务支持以及日常生活中所需要的物质方面、文化方面和生活方面的支持。针对失能老人群体的社区服务具有增能效果，可以提升失能老人的长期照料服务质量和增加服务有效供给。但是，当前社区缺乏开展帮扶居家失能老人获取长期照料服务的必要条件。因为政府一提到养老服务就想到建立机构，并将其作为政府投入的考核指标。大量的政府资源和市场资源投入养老机构的建设中，而对于社区居家养老这一社会需求最为旺盛、最符合老人意愿、最适合中国国情的养老模式重视不够，支持不足（景天魁，2015）。社区居家养老服务如果没有社区的参与和支持，就等于居家养老没有实现的渠道（潘屹，2015）。实现社区对居家失能老人的帮扶，需要社区具备相关的必要条件，但当前社区在提供福利服务方面的能力比较欠缺。

（一）社区缺乏提供长期照料服务的人力资源

社区参与长期照料服务的主体主要包括社区工作者、社区医疗工作者、长期护理员、社工机构工作人员、志愿者、社会组织成员等。

首先，大多数社区缺乏从事社区照顾的专业人员。目前，社区居家养老服务中心的管理服务人员多由村（居）委会工作人员兼任，由于大部分社区的服务中心仅有数十名工作人员，缺乏稳定的专职护理员队伍，在助医、康复、理疗等专业人才方面的储备不足，所以社区在养老服务的管理、监督以及服务提供等具体工作的承担方面面临人力匮乏的困境（张国平，2015）。现实中，社区能够调用的人力基本是失业、低保以及热心的志愿者，他们更多只能承担部分家政工作，难以作为专业的护理服务人员为失能老人提供喘息照料等服务。

其次，社区医务工作者服务失能老人的岗位职责不明确。社区医务人员的主要职责是为前来看病的社区居民提供基本医疗服务，一个社区医疗服务中心多由若干名医务人员组成，他们面对多达千人的社区居民，并不具备针对失能老人提供医疗护理的精力和能力。同时，由于医疗人员短缺，社区健康管理滞后。虽然多数社区能够为老年人建立健康档案，但老年人社区健康档案更新进度有待提高。此外,有研究发现部分社区老年人表示虽然签约了家庭医生,但并没有享受到家庭医生的定期上门服务(崔树义等,2020)。

最后,社会力量参与社区居家养老服务不足,难以支撑社区的养老照料服务供给。比如社工组织主要依赖政府购买服务提供专项服务,没有其他经济来源,这使得社工组织发挥作用的面很窄。而志愿者组织、爱心人士提供的照料服务多是阶段性和临时性的,更多从事表层性的活动,面对需要持久性、专业性、私密性的失能老人照料服务,这些力量无法持久深入地提供能切实帮助失能老人的照料服务(肖云,2017)。社会工作者和社区志愿者与老年服务对象、社区和养老服务机构之间的联动性不强,关系松散,导致服务质量水平不高。而只有当众多的照料服务主体参与到社区支持的组织系统之中,才可能丰富社区照料服务的人力资源,社区为居家照料提供全面的支持才有可能。在许多发达国家参与社区养老服务的主体也很多,但这些国家多有较为完整的制度保障这些社会主体参与社区养老服务。如意大利的家庭照料服务,由法定的医疗卫生、非营利机构、地方组织、商业机构以及志愿者共同提供。

(二)社区缺乏提供长期照料服务的资金、机构和场所

第一,社区缺乏长期照料服务的筹资渠道。社区作为政府机构的神经末梢,是基层群众自治组织,社区工作人员的工资和办公经费主要来源于上级财政拨款。这笔经费本身就非常有限,而在村居集体经济式微的背景下,社区开展长期照料服务则缺乏资金的支持。当前,我国对社区养老服务资金来源的规定不够明确,各级政府支持社区提供长期照料服务的资金筹集责任没有很好地落实,使得社区协助开展照料服务缺乏一定的经济基础,难以对居家失能老人家庭提供支持。

第二,多数社区缺乏提供长期照料服务的机构和场所。近年来国家层面在力推社区居家养老服务中心的建设,但现实情形是许多社区没有独立的养老服务机构,社区委员会一般只配备一位

老年专干。同时,社区缺乏非政府组织机构以及志愿者组织机构。社区提供长期照料服务支持需要建立日间照料中心、托老所、康复训练中心等设施,尽管政策规定新建居民住宅必须留出一定面积提供活动场所,但是绝大部分农村社区和老旧社区缺乏相关活动场所,不能援助家庭提供喘息照料等服务,从而难以支持失能老人满足照料需求。

(三) 社区缺乏整合各类照料服务资源的能力

失能老人的照料需求是全面和复杂的,而当前我国长期照料服务系统条块分割,家庭、社区和机构在整合照料资源方面的能力比较薄弱,碎片化的老年照料体系难以满足失能老人多元、连续和完整的照料需求,也造成了医疗与社会照料资源的浪费(胡宏伟等,2017)。一方面,长期照料服务的资源较为分散。家庭、社区、机构等都提供着各自的照料服务,但各主体之间互联、互补、互动不足,资源之间的衔接不够顺畅,无法充分利用现有的和潜在的照料资源,难以形成照料合力。社区作为最基层的自治组织,并没有被赋予组织管理社区内其他单位和组织人员的权力。如政府医疗部门管辖的社区医疗服务中心,其与社区居(村)委会无隶属关系,更多的是协商合作的关系。再如社区内社工组织为居民提供的社会服务主要是政府购买,而非社区购买。社工组织与政府有关部门签订服务购买合同,对购买方负责,虽然也要满足社区老年人的需要,接受社区的监督,但社区也无法有效调动社工组织成员提供长期照料服务(肖云,2017)。另一方面,由于社区组织协调能力欠缺,难以推动基层照料服务资源整合,使得从事公益活动的老年服务组织、志愿者队伍以及老年人的邻里朋友没有被充分动员来帮助失能老人满足照料需求(孙建娥、王慧,2013)。

(四) 农村社区的长期照料服务体系发展比较滞后

农村失能老人照料贫困发生率高于城市,同时农村社区各项长期照料服务供给水平多低于城市,很大程度上是因为长期以来形成的城乡二元结构制约下的城乡社区发展失衡。过去多年来，国家存在重城市轻农村的投入导向，农村经济发展和公共服务设施建设长期落后于城市。这不仅使得农村失能老人的经济保障水平低于城市，而且使得农村社区长期照料服务发展严重缺乏物质基础。就农村失能老人而言，其多由配偶或子代照料，但子代提供的照料常常由于远在外地居住分离而难以为继。本研究数据显示，农村失能老人陷入完全照料贫困的比例较高并且逐年提升。但是，农村的公办养老机构往往只接收低保、"三无"老人，大量照料需求无法得到满足的失能老人进入不了公办养老院。虽然当前很多农村地区在建立以居家为基础、社区为依托、机构为补充、医养相融合的多层次养老服务体系方面进行了探索，但是在快速城镇化的背景下，由于农村原有的社会化养老服务基础过于薄弱，并且在实践中无论是各级管理者还是基层社区都未充分在思想和行动上做好养老服务的规划和安排。同时，由于缺乏强有力的引导和监督，加之针对民办养老服务机构的补贴有限，农村地区的社会养老服务未能取得全面、规范的发展（孙鹃娟，2018）。

四 家庭层面：家庭非正式支持式微，难以提供充足有效的服务

（一）家庭结构变迁与居住方式转变一定程度上削弱了传统家庭照料服务的代际支持基础

失能老人家庭的人数以及同住人数对其非正式支持的获得具有重要的影响。前文的分析结果表明，子女数量越少，空巢、独居的失能老人发生照料贫困的可能性越高。而在人口转变的宏观背景下，与家庭结构向小型化、核心化变迁相伴的则是老年人居住方式的独居化和空巢化。这种变化一定程度上削弱了传统家庭照料服务供给的代际支持基础。历次人口普查数据表明，我国平均每个家庭户人口数量不断减少，家庭照料的人力基础不断萎缩（见图 5-1）。

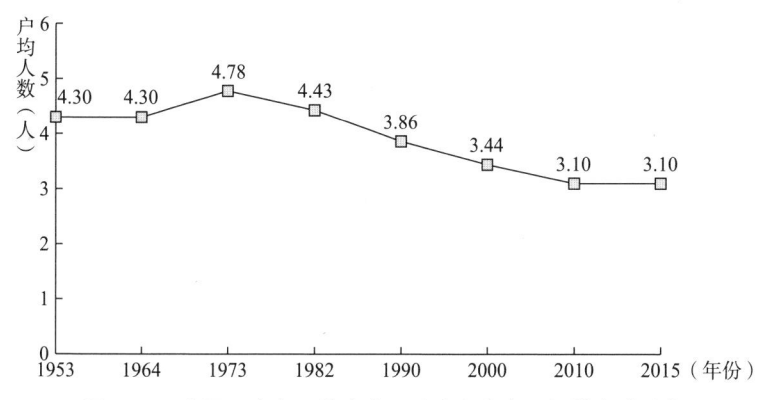

图 5-1　我国历次人口普查中平均家庭户人口规模变动趋势
资料来源：国家统计局网站。

正如曾毅等所言，随着生育数量减少、家庭小型化发展，我国未来家庭老年照料基础将被大大削弱。如当前我国的高龄老人群体平均每人有 5~6 个子女，但是在 20 世纪五六十年代生育高峰期出生的目前步入老年期的巨大人群中，平均每人不到 2 个子女，家庭的空巢化将加速发展，而空巢老人不仅面临贫困，还面临无人照料的状况（曾毅等，2012）。也有研究利用人口普查数据发现，2000 年以来，家庭结构变迁中，城乡夫妇家庭变动幅度最大。到 2010 年城市中年夫妇和低龄老年夫妇空巢状况突出，农村中年和低龄老年人独居也成为重要趋势（见图 5-2）。当代社会，无论城乡，老年人独居现象均增多，成为家庭结构转变的重要推动力量（王跃生，2013）。

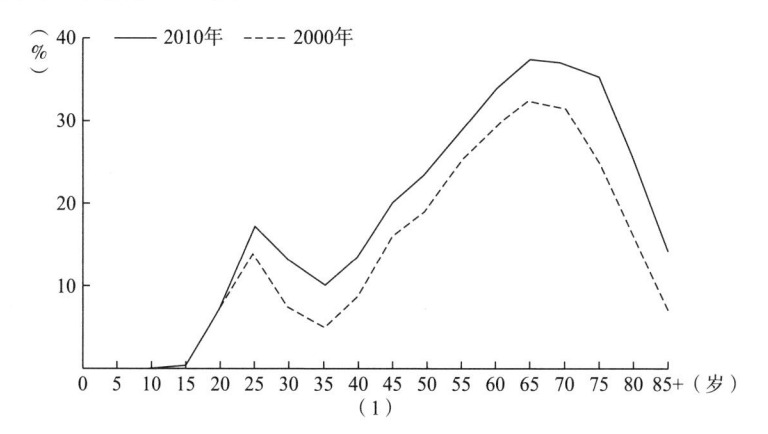

(1)

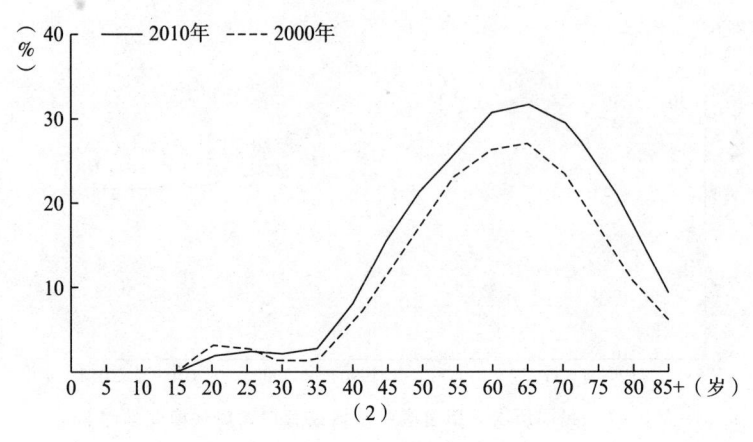

图 5-2　城市（1）和农村（2）夫妇家庭成员年龄分布与变动
资料来源：王跃生，2013：60~77。

当然，除整体上老年人的居住方式呈现空巢化和独居化的趋势之外，不同健康状况老年人的居住方式，更能直接反映老年人所能获得的家庭照料的便利程度（见表5-5）。第六次全国人口普查数据表明，当前我国失能老人中，有约1/3的老人处于独居和空巢的状态。失能老人本身因面临"失能"和"年老"的双重挤压，相比一般老人更容易受到风险压迫，所以和子女居住的分离在一定程度上使得他们更加难以获得来自子代的代际支持，从而更容易陷入照料贫困的困境，这也表明他们需要更多的社会支持。

表 5-5　不同健康特征的老年人的居住方式分布

单位：%

类别	单身户	夫妻户	一代户	二代户	隔代户	三代及以上	其他
健康	7.26	31.70	0.70	17.75	4.99	36.46	1.14
基本健康	10.14	28.56	0.66	17.88	4.41	37.11	1.24
不健康，但生活能自理	13.93	22.90	0.70	19.06	3.32	38.48	1.61
生活不能自理	10.82	19.45	1.45	22.04	2.44	40.83	2.97

注：为明确地显示老年人主要居住方式，将单身户、夫妻户与一代户进行了分离，表中的一代户是除单身户与夫妻户之外的一代户；将隔代户与二代户进行了分离，表中的二代户是除隔代户之外的仅由两代人组成的家庭。
资料来源：2010年第六次全国人口普查数据。

总之，当前及今后很长一段时间我国家庭小型化趋势会持续下去，高龄老人独居的数量和比例会不断提升，而高龄老人对家庭非正式照料的需求又将面临子女数量减少和人口流动的挑战。同时，当前还面临代际关系重心下移的挤压，也就是说，不论城乡，"抚幼"型直系家庭不断提升，"养老"型直系家庭减少，我国传统的家庭代际功能发生了相应的转向（王跃生，2013）。

（二）失能老人自身的经济保障水平不高，而居家照料成本较高，一般家庭难以承担长期、持续的照料支出

由于长期照料的特殊性，当家庭照料成员不足以提供充足的照料服务时，购买社会照料服务成为必要的选择。然而，由于失能老人的特殊性，雇请专人照料失能老人的费用（工资＋护工日常生活费）一般都超过当地的平均工资（肖云，2017）。从消费能力上讲，随着我国城乡居民基本养老保险制度的建立完善，大多数60周岁以上的老年人可享受社会养老保险待遇。但是，由于目前享受居民养老保险的绝大多数农村老年人只享有数额极少、仅具有养老津贴性质的基础养老金（农村地区平均补贴标准为每人每月百元左右），如果不计家庭保障（个人积蓄、儿女支持等），大部分老人将无力购买社会养老服务（崔恒展、张军，2016）。就农村失能老人而言，其经济保障不足以支撑社会照料服务的购买。我国养老保障的发展一直存在"重资金保障，轻服务保障"、资金投入"重城市，轻农村"的导向，投入农村的有限的财政资金也多用在对农民社会养老保险参保的补贴领域，很少有资金直接进入养老服务领域。在出台的有关支持农村社会养老服务发展的规划和意见中，一般只是原则性地提出加大政府财政投入，但是缺乏约束性的财政投入机制。同时，由于农村整体收入水平较低，缺乏较强的服务购买能力，养老服务市场规模相对不足。加之政府缺乏有效的引导机制，社会资本参与农村养老服务供给的动力不足。故而，农村社会养老服务的发展面临资金来源比较单一、资金投入不足的困境。就高龄失能老人而言，因退休早，收入低，其子女也基本步入老年，更是难以支付两代人所需的照料费用。

高龄丧偶以及失独的老人，经济负担则会更为沉重。虽然很多地方实行了养老服务补贴、高龄津贴等制度，但是并不能覆盖所有失能老人，而且补贴的标准不高（见表5-6），相比高昂的照料费用仍显不足。尤其是失能老人照料服务的典型特点是长期性，失能期间必须通过他人提供长期照料服务，以保障晚年生活质量，维持身体机能运转，其照料费用是大多数家庭难以承受的。如果子女经济状况也较差的话，照料一个失能老人可能会使两代人的生活陷入困境。

表5-6 各地失能老人护理补贴标准和覆盖对象

省区市	补贴标准（元）			覆盖对象
	轻度失能	中度失能	重度失能	
天津	200	400	600	
上海	125~250	187~375	250~500	
江苏	100	100	100	
山东	—	60	60	
广东	100	150	200	
安徽	300	400	600	多集中在低保老人、五保老人、经济特别困难的失能老人
山西	60	60	60	
黑龙江	50~100	50~100	100~150	
吉林	100	100	100	
重庆	—	—	200	
甘肃	100	100	100~150	
西藏	50~100	50~100	50	
其他省区市	市县确定	市县确定	市县确定	

资料来源：陆杰华、沙迪，2018：52~58。

小 结

本章基于实证分析结果，从福利多元主义理论出发，利用宏观统计数据和微观调查数据，分析了失能老人照料贫困发生的深层致因。该部分的分析主要从政府、市场、社区和家庭四类主体的责任边界和功能发挥展开。首先,从政府层面而言,针对失能老人长期照料服务的社会政策支持不足。主要表现在失能老人长期照料专项政策法规缺位和面向失能老人非正式照料者的社会支持政策不足两大方面。其次,从市场层面而言,社会养老服务供需失衡与利用不足问题并存。主要表现在失能老人社区养老服务的需求水平高于供给水平,但是实际利用社区养老服务的水平又比较低以及社区养老服务机构和养老服务设施利用不充分两个方面。再次,从社区层面而言,社区缺乏开展失能老人长期照料服务的必要条件。主要表现在社区缺乏提供长期照料服务的人力资源、资金、机构和场所,缺乏整合各类照料服务资源的能力,尤其是农村社区的长期照料服务体系发展比较滞后等几个方面。最后,从家庭层面而言,家庭非正式支持式微,难以提供充足有效的服务。主要表现在家庭结构变迁与居住方式转变在一定程度上削弱了传统家庭照料服务的代际支持基础以及一般家庭难以承担长期、持续的高成本照料支出两大方面。

第六章 照料贫困对失能老人健康后果的影响分析

本章将在失能老人照料贫困影响因素分析的基础之上,进一步探究照料贫困与失能老人健康后果的关系,从而深入理解照料贫困是如何影响失能老人健康衰退过程的。这一问题的研究对充分理解失能老人晚年的生活质量和健康长寿有着重要意义,为我国在养老服务发展实践中更加重视失能老人的主位作用,推进失能老人的照料服务理念"从获得转向满足"和提出规避失能老人健康衰退的社会政策提供重要的理论依据。本章将利用三期的中国老年人健康长寿影响因素调查数据,运用生存分析方法和离散面板回归分析方法,着重围绕照料贫困对失能老人的健康后果进行验证性研究。在实证研究照料贫困对失能老人死亡风险的影响的同时,还考察照料贫困对失能老人自评健康的影响,以期更为全面地考察照料需求完全满足组和照料贫困组失能老人所面临的健康风险差异。基于此,本章将验证在中国的社会情境下照料贫困是否会对失能老人的死亡风险和自评健康产生影响,以及如果产生影响,其影响方向和程度如何。

一 数据处理、研究方法与模型设定

(一) 数据来源与预处理

本章使用的数据来源于中国老年人健康长寿影响因素调查(CLHLS) 2008 年、2011 年和 2014 年的三期数据。根据本书的研究目的和数据结构,本书选择最近的三期数据作为基础数据。该数据内容主要涉及老年人个体的人口特征、家庭关系、生活自理能力、躯体功能、认知功能、生活方式、饮食、心理特征、社会和家庭支持照料等问题。当然，该数据除调查存活的老年人个体之外，还访问了 2008 年、2011 年和 2014 年三次调查之间死亡老人的家属。通过访问死亡老人的家属进行回顾性调查，在 2008~2014 年共收集了 8231 位 65 岁及以上已死亡被访老人的死亡年月、死因、死亡前健康状况、医疗和照料成本与生活质量等信息。同时，为了保证跟踪调查的连续性与不同时点的可比性，课题组在 2008 年的跟踪调查中，对 2000 年、2002 年和 2005 年追访时已经死亡和失访的老人按同性别、同年龄的原则就近递补样本（Zeng, 2012）。2011 年和 2014 年除长寿地区健康老龄化典型调查外的全国其他调查点跟踪调查中，没有新增替补受访者，仅访问上次调查被访、仍然存活的老人以及上次调查被访后已去世老人的亲属。由于该数据既包括存活老年人的详细信息，也通过访问家属对死亡老人的信息进行了调查，为深入研究失能老人的照料需求满足状况对其健康的影响以及进行生存分析奠定了数据基础。

关于被调查老人的死亡、失访和存活情况的介绍如下。2008 年 CLHLS 数据中的样本量有 16954 个，调查对象是 65 岁及以上的老人。到 2011 年跟踪调查进行时，其中有 8418 人处于存活状态，其间有 5642 人死亡（根据 2008 年曾接受调查、2011 年已去世老人的近亲得到），2894 人失访；到 2014 年的跟踪调查时，其中有 5245 人存活，其间有 2589 人死亡（根据 2011/2012 年曾接受调查、2014 年已去世老人的近亲得到），591 人失访。就具体的数据处理而言，首先，针对两次调查期间出现的失访、无法知道是否存活和缺失具体死亡时间的被访者进行删除处理；其次，剔除一些缺失值较多、不适合纳入模型的受访个案；再次，由于本书的研究对象是在调查期间失能的老人，所以删除了三个调查区间内身体完全自理的老年人样本；最后，将数据格式进行长宽转换，生成事件变量和时间变量，并删除时间变量缺失的样本。最终保留用于分析照料贫困对失能老人死亡风险影响的失能老人案例数为 6292 个。其中有 3741 个案例有失效记录（死亡事件发生）。而针对照料贫困对失能老人自评健康的影响则只利用存活的失能老人样本，案例数为 2551 个。

（二）研究方法与模型构建

1. 生存分析方法与 Cox 模型构建

为了验证照料贫困对失能老人死亡风险的影响方向和程度，本部分主要利用生存分析方法来考察这一影响。通过该方法探索追踪期内失能老人死亡事件的发生，同时考察所关注变量影响事件发生的速度以及生存时间的长短。生存分析针对每个个体的记录可以表示为（e_i, c_i, f_i, x_i），其中 e_i（enter）表示个体进入样本观测的时间；c_i（closure）表示个体退出样本观测的时间（可能是指发生右删截的时间即调查截止时间，也可能是个体事件发生的时间）；f_i（failure）是指事件失效的虚拟变量，0 表示事件未发生，1 表示事件发生；x_i 表示协变量。在生存分析中，每个研究样本（case）进入风险的日历时间（calendar time）可以是不同的，一般将"风险开始"（onset time of risk）的时间标准化为 0 时刻。本章将失能老人在被访日期之后的存活时间视为时间变量，用天来表示。此时，个体在已知状态下持续的时间（从风险开始到事件结束，即老年人死亡）称为生存时间（lifetime）。生存分析的被解释变量就是以生存时间 t_i 来计算的。

首先，利用卡普兰-迈耶（Kaplan-Meier）估计（以下简称 KM 估计）进行描述性分析。在进行 KM 估计之前，首先要明晰生存函数和风险函数，它们是生存分析的重要统计量。生存函数（survival function）是观测个体持续时间或生存时间超过特定时间 t 的概率，通常用于表示一些基于时间的系统失败或死亡概率。假设个体的真实生存时间 t_i 为一个连续性随机变量，且生存时间 T 的累积分布函数为：

$$F(t) = Pr[t_i \leq t] = \int_0^t f(s)ds \quad (t > 0)$$

其中，$f(s)$ 代表密度函数（个体生存时间的概率密度），t 为时间点。假设每个个体的生存时间至少有 t 那么长，那么其生存函数（生存时间大于 t 的概率）一般被定义为：

$$S(t) = Pr[t_i > t] = 1 - Pr[t_i \leq t] = 1 - F(t) \quad (t > 0)$$

其中 $S(t)$ 为生存函数，表示生存时间超过时点 t 的可能性；$F(t)$ 表示在时点 t 之前死亡的可能性。由于 t 的取值范围为 $[0, \infty)$，生存函数一般可以描述成光滑曲线，也称生存曲线。

风险函数（hazard function）是指个体恰好在某一时点上死亡的条件概率（风险）。它给出的是观测个体已生存时间 t 后，单位时间发生事件的速度或瞬时可能性，即风险函数关注的是事件的发生。基于生存函数，那么一段时间内某一时间发生的风险为：

$$h(t) = \frac{f(t)}{S(t)}, 其中, f(t) = \lim_{\Delta t \to 0} \frac{P(t < t_i \leq t + \Delta t)}{S(t)}$$

也就是说，风险等于某段时间内"死亡"的非条件概率除以从该段时间的起点开始的生存概率，即这段时间内的风险函数。实质上，若某一事件在时段 $(t, t+\Delta t)$ 的起始之前尚没有发生，那么它在该时段 $(t, t+\Delta t)$ 的瞬间风险比为：

$$h(t) = \lim_{\Delta t \to 0} \frac{P(t \leq t_i < t + \Delta t \mid t_i > t)}{\Delta t} = \frac{f(t)}{S(t)}$$

其中，$h(t)$ 是生存函数的导数，即我们常说的风险函数。它在给定某个体已经存活了 t 时间后从某个侧面度量了该个体立刻死亡的可能性，也称条件死亡率。

生存函数的描述统计方法则要用到 KM 估计。KM 估计是一种乘积限方法，在独立删截的情况下依然是 $S(t)$ 的一致估计量。因而它被广泛用于小样本、中样本及大样本等各种情形，能让我们直观地了解原生存函数的形态。当然，在生存函数的描述统计方法中，生命表方法最为传统，并在人口学中得以广泛应用。数据若是按区间分组或样本量很大，使用生命表方法分析较为方便。事实上，KM 估计与生命表方法在本质上是一致的。

一般而言，我们使用的追踪数据结构为右删截数据，本书也不例外。在右删截数据中，对于所有的 $t \leq c$，$\widehat{st}$ 等于样本中生存时

间超过 t 的个案所占的比例。但对于 $t > c$，生存函数则无法定义。KM 估计一般被定义为：

$$\widehat{s(t)} = \prod_{t_i \leq t} \frac{n_i - d_i}{n_i}$$

其中 d_i 为时间 t_i 时死亡的人数；n_i 为样本中在区间 $[t_{i-1}, t_i]$ 仍存活而面临危险 (at risk) 的个体数。通过 KM 估计可以得到生存曲线图。生存曲线越是靠上，说明对于一个给定的时间点，其生存时间超过该点的概率就越大，也就表示生存状况越好。反之亦然。

其次，模型设定部分使用半参数模型——Cox 比例风险模型。在对生存分析数据进行描述性分析的基础上，可以选择合理的回归模型，从而进一步探索哪些因素影响生存函数。这类回归模型主要包括参数模型——指数模型、威布尔模型和冈珀茨模型以及非参数模型——Cox 比例风险模型。参数模型需要对残差项的分布进行假定，同时需要考虑风险比的分布函数，但是在实际研究中，我们通常对于风险函数的具体形式并无把握，所以参数模型对于分布假定过强是参数模型的瓶颈。而大卫·考克斯半参数 Cox 比例风险模型 (Proportional Hazards Models of Cox)（以下简称 Cox 模型），对参数模型进行了一般化处理，则无须对基准风险函数的形式做出限定，也不用对残差项的分布进行假定 (Cox, 1972)。该计量模型的基本表达式为：

$$h(t) = h_0(t) \exp\{\beta, x\}$$

其中，$h_0(t)$ 为基准风险函数，代表了在无任何协变量影响 ($x = 0$) 的条件下个体的风险函数形式，其依赖于时间，不依赖于解释变量。在给定协变量 x 的影响下，基准风险函数 $h_0(t)$ 被等比例扩大了 $\exp\{\beta, x\}$ 倍，因此该模型被称为等比例风险模型。而任意两个个体风险函数之比可以表示为：

$$\frac{h_0(t_i) \exp\{\beta, x_i\}}{\sum_{j \in R(t_i)} h_0(t_i) \exp\{\beta, x_j\}} = \frac{\exp\{\beta, x_i\}}{\sum_{j \in R(t_i)} \exp\{\beta, x_j\}}$$

其中，$R(t)$ 是这样一个集合，它包含所有存活时间至少为 t_i 的个体。在公式中，左端分子与分母中的基准风险函数 $h_0(t_i)$ 被相互抵消了。因此，最后的概率计算只依赖于回归系数 β，而不再依赖于基准风险函数的分布，即可以完全忽略误差项的分布。将所有这样观测到的事件时间点汇总在一起，就构成了似然函数。这样，我们在考察照料贫困对失能老人死亡风险的影响时就可以通过偏似然函数来获得极大似然估计，并进行似然比检验。此外，不考虑 $h_0(t_i)$ 的函数形式，即假定任意两个个体的风险比都是自变量的函数，且不随时间变化，这便是 Cox 模型等比例风险假定。

故而，为获得稳健的研究结论，需要对 Cox 模型等比例风险假定进行检验。如果假定成立，则残差项不会出现随时间变化而变的规律。针对每个变量都可以计算出残差并且对持续时间回归。如果假定不成立，则引入随时间而变的协变量，采用扩展 Cox 模型进行回归分析。

2. 离散面板回归模型构建

为了验证照料贫困对失能老人自评健康的影响方向和程度，通过构建实证模型对 2008~2014 年的追踪数据进行离散面板回归分析。由于本部分因变量自评健康被处理成二值虚拟变量，所以在模型选择上使用面板二值 Logistic 模型。面板二值选择模型的主要估计方法包括混合回归、随机效应估计和固定效应估计。至于选择何种估计方法则需要对变量进行这三种模型的统计检验，即检验个体效应的大小。如果个体效应微弱或者不存在则一般使用混合回归模型，而如果存在个体效应则以两种不同的形态存在（固定效应和随机效应）。本部分研究中所选择的变量不仅包括固定的因素也包括随机的因素，同时通过对模型的固定效应和随机效应进行检验发现不存在个体效应，所以选择二值离散混合回归模型。针对混合回归模型，由于同一个体不同时期的扰动项可能存在自相关，使用聚类稳健标准误（cluster-robust standarc error）计算方法得到的结果相比普通标准误的估计更为准确，所以本部分使用由每个个体不同时期所组成的聚类变量的聚类稳健标准误回归方式（陈强，2014）。

为考察照料贫困对失能老人自评健康的影响,本部分构建一个由控制变量和照料贫困变量等因素构成的二值离散混合回归模型,模型表达式如下:

$$SefHa_{it} = \alpha_0 + \beta_1 Con_{it} + \beta_2 CarP_{it} + \varepsilon_{it}$$

其中,因变量 $SefHa_{it}$ 表示第 i 个老人 t 时间对自评健康的报告结果; Con_{it} 表示影响失能老人自评健康的一系列控制变量, β_1 表示其估计系数; $CarP_{it}$ 表示照料贫困变量, β_2 表示其估计系数; α_0 和 ε_{it} 分别代表常数项和随机扰动项。

二 理论分析、变量定义与实证分析策略

(一) 理论分析与研究假设

失能老人健康风险是国外人口学、老年学、流行病学等学科关注的重要议题,除从传统式的"社会 – 医学 – 行为"等维度考察影响健康或死亡风险的因素之外,诸多研究也从照料需求满足程度角度考察了其对死亡风险的影响。探索照料贫困对失能老人健康后果的影响对保障失能老人生活质量和健康长寿具有重要意义。国内当前在探讨老年人的健康或死亡风险的影响因素方面,从健康的社会决定论出发集中探讨了个体社会人口特征、健康状况和行为、社会经济地位等因素的影响。然而鲜有研究从照料需求满足程度出发,考察照料贫困对失能老人健康后果的影响。从前文的文献综述中可以看到,失能老人因身体机能受损,需要外界提供服务援助。这些服务援助如果可以有效满足因失能产生的需求,则对其健康状况具有保护效应。而如果因失能产生的需求无法得到充分有效的外界服务援助,则会进一步恶化失能老人的健康状况。从而导致身体机能进一步受损或者提高入院的概率、增加医疗消费等不良后果。

另外,已有研究在考察老年人健康或死亡风险的影响因素方面,围绕个体的社会人口特征、健康状况和生活行为方面得出了

一些实证结论,这些结论为本部分研究中选择控制变量提供了依据。如以往研究发现在社会人口因素方面,受教育水平和职业地位越高、收入水平越高,死亡风险越低;有配偶、与他人同住往往具有更好的生活质量和较低的死亡风险(焦开山,2010;王伟进、陆杰华,2015;刘慧君等,2013)。而低体重指数老人的死亡风险显著低于高体重指数的老人(张浩、李建新,2018)。在健康状况方面,国内外学者普遍发现不良的健康状况与较高的死亡风险具有显著的正相关关系;在生活行为因素方面,拥有健康的生活方式如经常性的社会参与、不吸烟和不喝酒往往有更低的死亡风险(李春华、吴望春,2017;王家宝,2003)。综合上述分析本章将上述因素纳入控制变量。本部分将围绕照料贫困对失能老人健康后果的影响进行验证性研究,基于上述的理论分析提出如下研究假设。

假设1:陷入照料贫困的失能老人相比照料需求完全满足的失能老人具有更高的死亡风险;
假设2:陷入照料贫困的失能老人相比照料需求完全满足的失能老人具有更差的自评健康。

下文将通过实证分析对上述假设进行验证,分析照料贫困对失能老人健康后果(死亡风险和自评健康)的影响方向和程度。

(二)变量的定义与描述

1. 因变量

本章考察失能老人照料贫困的健康后果,主要从两个维度进行衡量,即死亡风险和自评健康,也即本章的因变量。死亡风险具体为从基期即风险起始期(2008年)到结束期(2014年)的存活状况。为了计算死亡风险,首先必须生成时间变量(T)。将自2008年被访问日期之后的存活时间视为时间变量,用天表示。对于2014年调查时仍然存活的老人,其生存天数为其进入风险的日历时间到调查终止的日历时间。而对于期间去世的老人,根据被访者亲属提供的具体死亡日期，其生存时间由死亡年月日减去进入风险的日历时间得到。进而将老人是否死亡视为状态变量，生成是否死亡这一二分类离散变量。死亡视为事件发生并赋值为1，存活视为事件未发生并赋值为0。而自评健康被界定为被访对象对自身健康的评估，通过题项"您觉得自己的健康状况怎么样？"进行测量。选项"很好"和"好"被界定为自评健康好，并赋值为0，选项"一般"、"不好"和"很不好"被界定为自评健康差，并赋值为1。

2. 自变量

本部分主要考察失能老人的照料贫困状况对其健康后果的影响，所以核心自变量的选择比较明确，即照料贫困状况。照料贫困是失能老人照料需求满足程度的一种状态呈现。基于问卷中"您目前在六项日常活动中需要他人帮助时，谁是主要帮助者？"以及"您认为您目前在六项日常活动中得到的这些帮助能够满足您的需要吗？"两个问题的回答，得到"照料需求完全满足"、"部分照料贫困"和"完全照料贫困"。由于样本中完全照料贫困的失能老人所占比重较低，故而将"部分照料贫困"和"完全照料贫困"选项作为合并项处理，从而构成"照料贫困"选项。由于本部分主要考察照料贫困的影响，不论是部分照料贫困还是完全照料贫困都是反映照料贫困的一种状态，所以将二者合并不会影响本章的分析结果。根据研究目的和对照料贫困的测量得到两个关于照料需求满足状况的自评类型：照料需求完全满足和照料贫困。据此，将关键自变量操作成了二分类离散变量，结合研究需求对自变量进行哑变量处理，操作成0-1变量，即照料需求完全满足赋值为0，照料贫困赋值为1。

3. 控制变量

基于上文的理论分析，遵循以往研究和文献，为避免变量遗漏，将失能老人的社会人口特征、健康特征以及生活行为特征作为控制变量纳入模型。社会人口特征主要包括失能老人的性别、年龄、户口性质（包括城镇和农村）、婚姻状况（包括无配偶和有配偶）、居住类型（包括独居和与他人同住）和收入水平等；健康特征主要包括失能程度（包括轻度失能、中度失能和重度失能）以及是否有慢性病；生活行为特征主要包括失能老人的社会参与、是否吸烟以及是否喝酒。

基于上述对因变量、关键自变量和控制变量的分析，对以上变量进行操作化，具体变量的定义及特征如表6-1所示。

表6-1 变量的定义与描述（$N=6292$）

变量	定义	占比（%）	均值	标准差
生存状态	存活 = 0	40.54	0.594	0.491
	死亡 = 1	59.46		
自变量				
照料贫困	否 = 0	43.72	0.562	0.496
	是 = 1	56.28		
控制变量				
社会人口特征				
性别	女性 = 0	66.93	1.669	0.470
	男性 = 1	33.07		
年龄	中低龄（65~84岁）= 0	17.9	0.821	0.383
	高龄（85岁及以上）= 1	82.1		
户口性质	农村 = 0	49.16	0.508	0.499
	城镇 = 1	50.84		
婚姻状况	有配偶 = 0	81.17	0.188	0.390
	无配偶 = 1	18.83		
居住类型	与他人同住 = 0	91.78	0.082	0.274
	独居 = 1	8.22		
收入水平	不够用 = 0	24.31	0.756	0.429
	够用 = 1	75.69		
健康特征				
失能程度	轻度失能 = 1	58.71	1.568	0.746
	中度失能 = 2	25.72		
	重度失能 = 3	15.58		

续表

变量	定义	占比（%）	均值	标准差
是否有慢性病	没有 = 0	63.64	0.363	0.481
	有 = 1	36.36		
生活行为特征				
社会参与	否 = 0	95.54	0.044	0.206
	是 = 1	4.46		
是否吸烟	否 = 0	90.46	0.095	0.293
	是 = 1	9.54		
是否喝酒	否 = 0	89.54	0.104	0.306
	是 = 1	10.46		

注：表中分类变量报告的均值和标准差没有实际意义；针对连续变量年龄，表中按分类变量进行处理，在回归分析中则按照连续变量处理。

资料来源：根据数据整理计算得出。

4. 变量的基本特征描述

从表 6-1 中可以看出各类变量的基本特征。就失能老人的生存状态而言，在 2008 年接受访问以及 2011 年新进入风险的失能老人中，到 2014 年调查期结束，死亡的失能老人为 3741 人，占样本的 59.46%，存活 2551 人，占样本的 40.54%。从核心自变量方面来看，居家失能老人的照料贫困发生率较高，具有一定的普遍性。数据显示，有 56.28% 的居家失能老人报告自己的照料需求没有得到完全满足，陷入了照料贫困，有 43.72% 的居家失能老人报告自己的照料需求得到了完全满足。这在一定程度上说明我国居家失能老人在通过家庭照料服务供给满足照料需求方面面临一定的挑战。而如果进一步验证得到因为照料贫困增加了失能老人的死亡风险，降低了失能老人的生存质量，那么则可以为政策深度干预提供一定的理论依据。

表 6-1 也呈现了控制变量的基本分布特征。从社会人口特征方面来看，就户口性质而言，样本中失能老人的城乡分布比较均衡，基本各占 50% 左右；就年龄和性别分布而言，高龄失能老人是主体，占比高于中低龄失能老人；女性失能老人的占比高于男

性失能老人,这与样本中高龄老人占比较多,女性老人预期寿命更长有关;就婚姻状况而言,有配偶的失能老人占比高于无配偶的失能老人;大部分失能老人与他人居住在一起,独居的失能老人占比相对较低;就收入水平而言,有24.31%的失能老人报告自身收入不够日常生活的支出。从健康特征方面来看,轻度失能老人占比较高,超过一半的失能老人属于轻度失能,中度失能老人占25.72%,此外,有15.58%的失能老人属于重度失能;就是否有慢性病而言,有36.36%的失能老人报告自己至少患有一项慢性病。从生活行为特征方面来看,不抽烟和不喝酒的失能老人占比较高,约有10%的失能老人报告自己生活中经常抽烟和喝酒;参与有组织的社会活动的失能老人占比较少,仅有4.46%的失能老人报告自己会参与社会活动。

(三)实证分析策略

本章的主要研究目标是验证照料贫困对失能老人死亡风险和自评健康的影响,这种影响是相对于照料需求完全满足的失能老人而言的。虽然对死亡风险和自评健康的研究都是衡量照料贫困所带来的健康后果,但是在研究方法上存在比较大的差异。所以,在本章的具体实证研究中主要进行两个方面的分析。一方面,在死亡风险的研究中,所有的失能老人样本(包括三期追踪数据中存活的和死亡的样本)都被纳入研究模型。在研究方法上,则主要采用Cox比例风险模型。操作中是在控制其他变量的影响之下,着重考察照料贫困这一关键自变量对失能老人死亡风险的影响。在研究中,首先,围绕失能老人的照料贫困状况,利用KM估计,做出卡普兰-迈耶生存函数曲线图和风险函数曲线图,大概了解不同变量不同类别的生存曲线情况;其次,结合所选变量,进行Cox回归分析,考察不同变量对失能老人死亡风险的影响方向和程度。另一方面,在对失能老人自评健康的分析中,则利用三期追踪数据中的存活样本,主要采用离散面板回归模型检验照料贫困对失能老人自评健康状况的影响。在分析中将采用逐步回归的方式,首先考察控制变量的影响,其次考察照料贫困对自评健康影响的净效应。

三 照料贫困对失能老人死亡风险的影响

（一）失能老人的生存状况描述分析

生存函数和风险函数是生存分析中最重要的统计量，在利用 Cox 模型进行回归分析之前，首先利用 KM 估计来呈现生存函数曲线和风险函数曲线，并且可以进一步检验不同个体特征失能老人的生存函数曲线的差异。通过 KM 估计可以刻画不同变量下失能老人的生存函数曲线图，从而对照料贫困变量与失能老人死亡风险之间的关系做出非常直观的描述。同时，为了进一步了解不同特征的失能老人陷入照料贫困后的死亡风险的差异，我们可以通过分组（例如，按照性别分组、按照户口性质分组、按照居住类型分组和按照年龄分组等）来比较不同特征下的失能老人的生存函数曲线的特点和差异。

1. 样本总体的失能老人生存函数曲线和风险函数曲线描述

为了考察照料贫困对失能老人死亡风险是否具有明显的影响，将样本总体按照照料需求完全满足和照料贫困状态进行分组，从而考察两组之间的生存函数和风险函数是否具有明显的差别。图 6-1 呈现了分组后失能老人的生存函数曲线，从图中可以看出，照料需求完全满足的失能老人个体的生存状况要好于照料贫困的失能老人个体，陷入照料贫困的失能老人的累积生存时间低于照料需求完全满足的失能老人。而且，从图中也可以看出，照料贫困的失能老人的生存函数曲线更为陡峭，而照料需求完全满足的失能老人的生存函数曲线坡度较为平缓，这表明照料贫困的失能老人具有较低的生存率。换句话说，照料贫困的失能老人相比照料需求完全满足的失能老人面临更高的死亡风险。同时，可以发现随着观测时间的不断增加，被观测的失能老人个体的生存概率在不断降低，这意味着随着失能老人陷入照料贫困的时间拉长，其死亡风险也在增加。

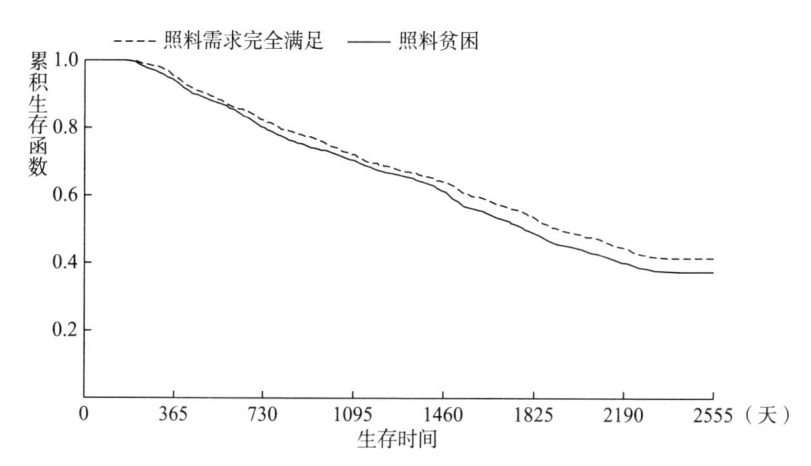

图 6-1　样本总体的失能老人卡普兰-迈耶生存函数估计

图 6-2 呈现了照料需求完全满足组和照料贫困组两组失能老人的风险函数曲线。风险函数曲线主要反映了观测到的失能老人个体已经生存一段时间 T 后（图中呈现的时间大约是 180 天），单位时间内发生死亡的速度或者瞬时可能性。由图 6-2 可知，虽然个别单位时间内存在一定的波动，但是整体来看，在失能老人已经存活一定时间之后，照料贫困的失能老人相比照料需求完全满足的失能老人在某一单位时间内死亡的可能性更大，条件死亡率更高。

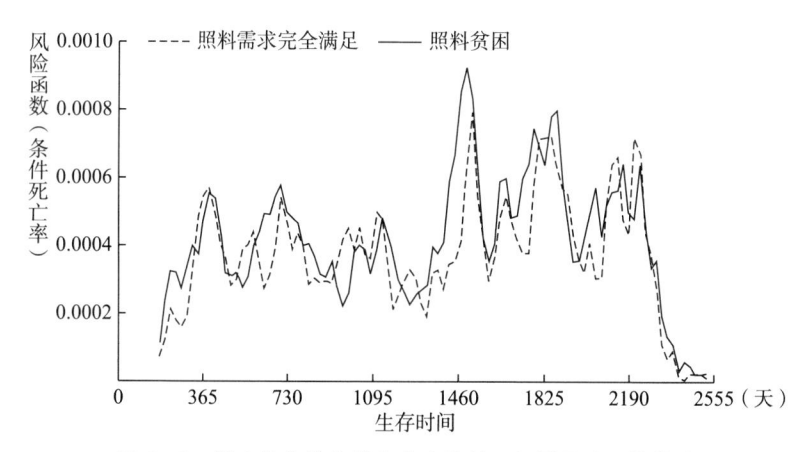

图 6-2　样本总体的失能老人卡普兰-迈耶风险函数估计

总之，综合图6-1和图6-2可以发现，就样本而言，不论是从失能老人个体生存时间方面还是从条件死亡率方面来看，照料贫困的失能老人相比照料需求完全满足的失能老人而言死亡风险更高。至于这种影响是否可以推论到总体，下文还将通过计量模型实证分析控制其他变量之后这种差异性是否存在统计上的显著性。

2. 不同特征失能老人的生存函数曲线描述

为进一步考察照料贫困对不同特征失能老人的死亡风险的影响是否不同，本部分将分组考察不同特征下的失能老人的生存函数曲线差异。为此，将主要从失能老人的性别、户口性质、年龄以及居住类型等个体特征方面进行比较。

第一，不同性别失能老人的生存函数曲线差异。图6-3分别呈现了男性失能老人和女性失能老人中照料需求完全满足和照料贫困组的生存函数曲线。从图中不难看出如下特点：首先，不论是男性失能老人样本还是女性失能老人样本，陷入照料贫困的失能老人个体生存状况较差，相比照料需求完全满足的失能老人都具有更高的死亡风险；其次，照料贫困对男性失能老人死亡风险的影响明显大于对女性失能老人死亡风险的影响。如图所示，男性失能老人生存函数曲线的间距明显大于女性失能老人生存函数曲线的间距。这在一定程度上反映出男性失能老人陷入照料贫困后相比女性失能老人将面临更高的死亡风险。

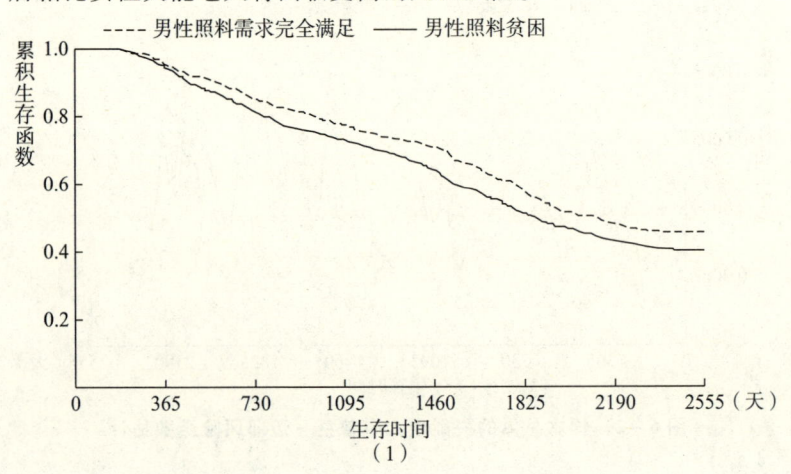

(1)

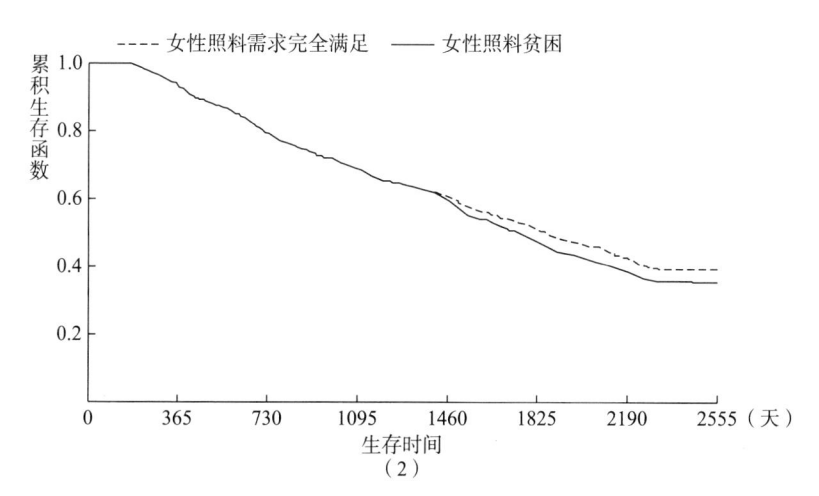

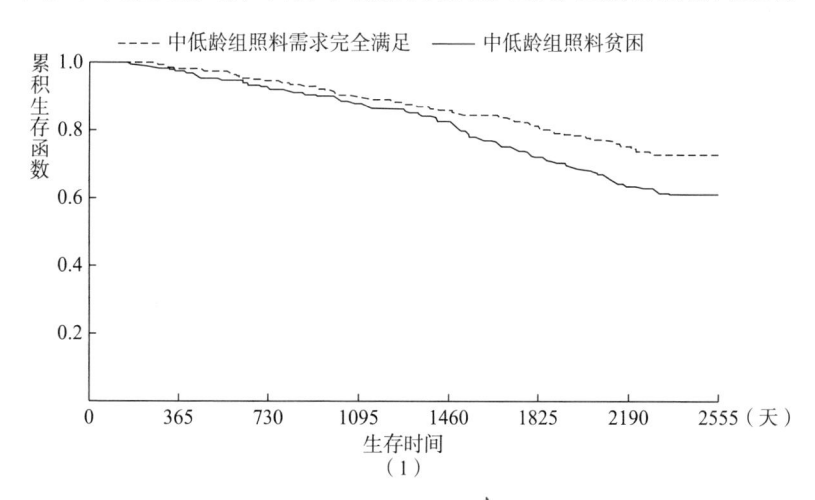

图 6-3　男性和女性组失能老人卡普兰-迈耶生存函数估计

第二，不同年龄失能老人的生存函数曲线差异。图 6-4 分别呈现了中低龄失能老人和高龄失能老人中照料需求完全满足和照料贫困组的生存函数曲线。从中不难看出如下特点：首先，不论是中低龄失能老人还是高龄失能老人，陷入照料贫困的失能老人相比照料需求完全满足的失能老人而言生存状况更差；其次，照料贫困对中低龄失能老人死亡风险的影响明显大于对高龄失能老人死亡风险的影响，因为中低龄失能老人生存函数曲线的间距明

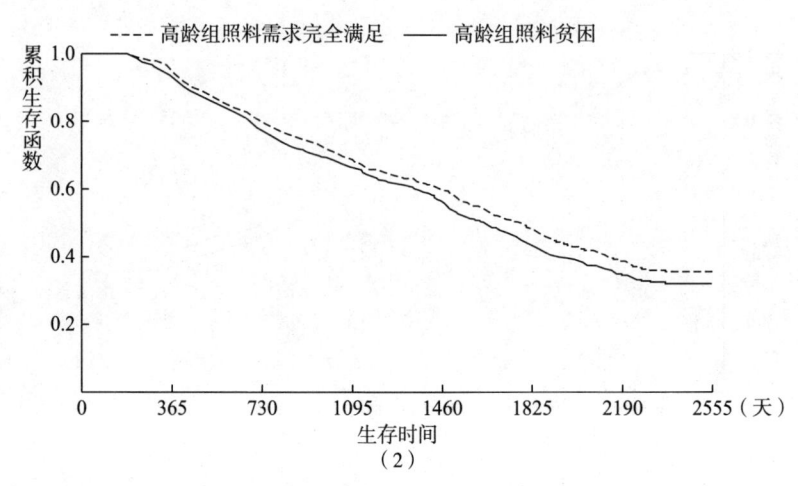

```
累                ---- 高龄组照料需求完全满足    —— 高龄组照料贫困
积  1.0
生
存  0.8
函
数  0.6

    0.4

    0.2

        0    365   730   1095   1460   1825   2190   2555(天)
                           生存时间
                            (2)
```

图 6-4　中低龄组和高龄组失能老人卡普兰-迈耶生存函数估计

显大于高龄失能老人生存函数曲线的间距,这表明中低龄失能老人的照料贫困问题需要进一步得到重视,不然他们将面临更严峻的健康风险。

第三,分户口性质失能老人的生存函数曲线差异。图 6-5 分别呈现了农村失能老人和城镇失能老人中照料需求完全满足和照料贫困组的生存函数曲线。从图中可以发现两个方面的特点。一方面,从死亡风险来看,不论是城镇失能老人样本还是农村失能老人样本,照料需求完全满足的失能老人的生存状况要好于陷入照料贫困的失能老人。也就是说,只要陷入照料贫困,无论城乡都将提高失能老人的死亡风险。另一方面,从差异性来看,发生照料贫困对城镇失能老人死亡风险的影响明显大于对农村失能老人死亡风险的影响。如图所示,城镇失能老人生存函数曲线的间距明显大于农村失能老人生存函数曲线的间距。这说明城镇失能老人陷入照料贫困后相比农村失能老人将面临更高的死亡风险。

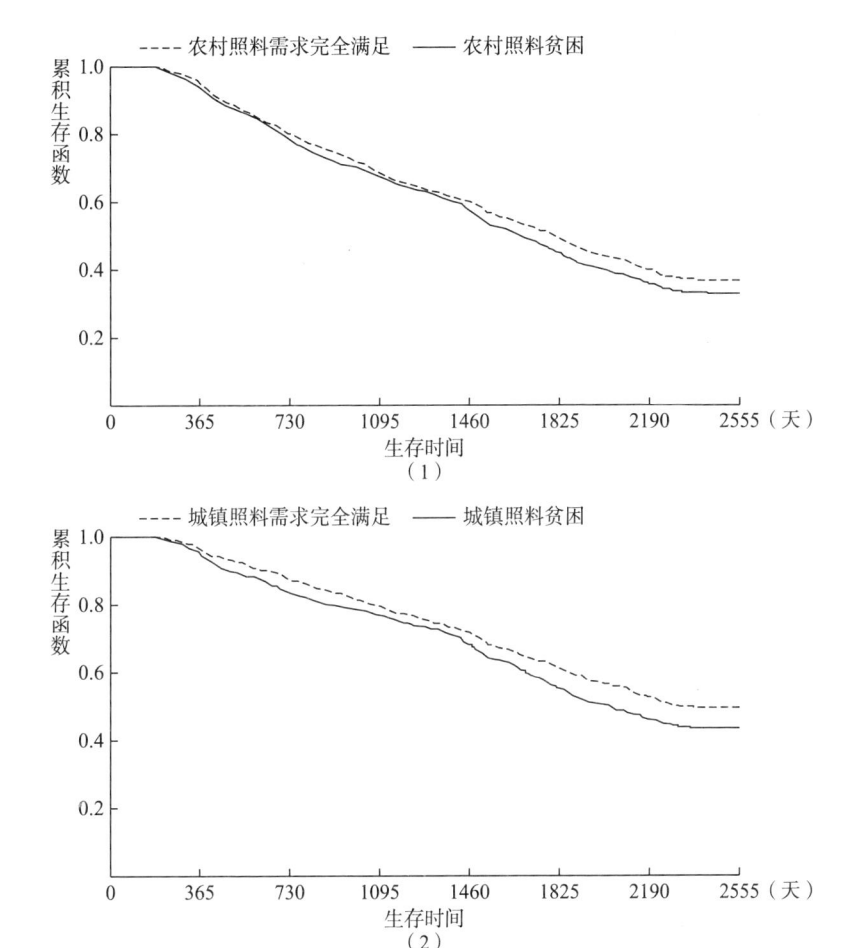

图 6-5　农村和城镇组失能老人卡普兰-迈耶生存函数估计

第四,不同居住类型失能老人的生存函数曲线差异。图 6-6 分别呈现了独居的失能老人和与他人同住的失能老人中照料需求完全满足和照料贫困组的生存函数曲线。从中可以看出以下特点。首先,独居的失能老人陷入照料贫困后生存状况较差,在风险持续期内面临较高的死亡风险;而与他人同住的失能老人虽然陷入照料贫困后的死亡风险也更高,但是随着陷入照料贫困时间的拉长才逐渐显现出来。其次,独居失能老人的生存函数曲线间距明显大于与他人同住失能老人生存函数曲线的间距,反映出照料贫困对独居的失能老人死亡风险的影响更大。同时,选择独居的失能老人如果照料需求得到完全满足,其生存状况较好。这表明独居的失能老人也具有一定的健康选择效应。可见,通过社会政策层面的引导,提高失能老人与他人同住的机会,对失能老人生存质量的维护具有重要的意义。

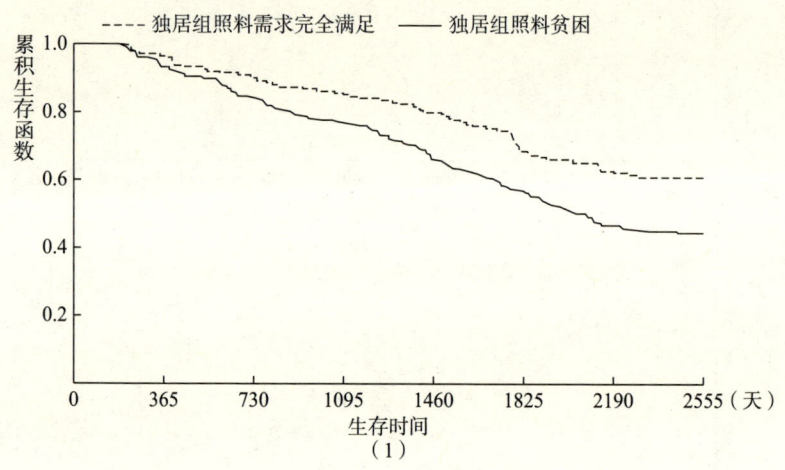

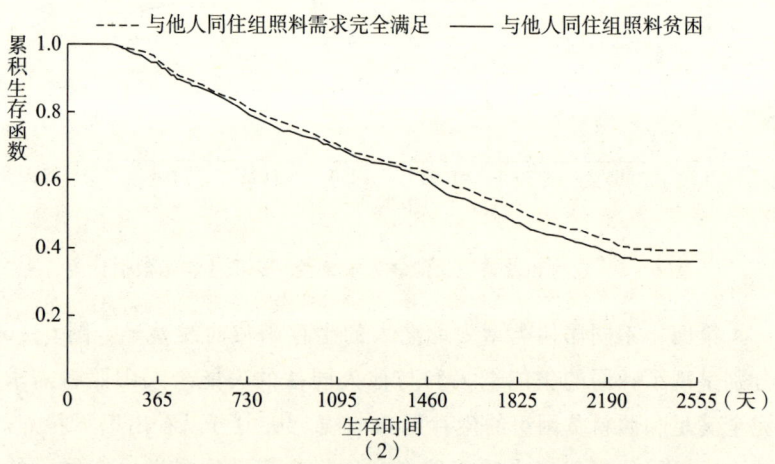

图 6-6 独居组和与他人同住组失能老人卡普兰-迈耶生存函数估计

(二) 照料贫困对失能老人死亡风险影响的 Cox 回归分析

上文通过运用 KM 估计方法，围绕失能老人的生存状况进行了深入描述。经过描述分析发现，照料贫困与失能老人的健康后果之间具有一定的联系，提高了不同特征失能老人的死亡风险。也就是说，照料贫困对失能老人的健康状况具有明显的负向影响。那么，在此基础上可以进一步追问，这种影响是否可以推论到总体呢？照料贫困对失能老人死亡风险影响的程度有多大呢？为准确回答这些问题，接下来将在控制其他变量的基础上，利用 Cox 回归模型进行分析，考察照料贫困影响的净效应。同时，为保证 Cox 回归结果的稳健性，还将对 Cox 模型进行等比例风险 (PH) 假设检验。如果检验通过，则意味着结果成立，如果检验没有通过，则采用扩展 Cox 回归模型进行分析。

1. Cox 比例风险模型的回归分析

如前文所述，为了考察照料贫困对失能老人死亡风险的净影响，我们还控制了其他一些可能影响死亡风险的变量。如表 6-2 所示，模型 1 为基准模型，列出了只包含控制变量的 Cox 回归模型的估计结果；模型 2 列出了只包含关键自变量照料贫困的 Cox 回归模型的估计结果；模型 3 列出了包含控制变量和关键自变量的 Cox 回归模型的估计结果。从 p 值来看，三个 Cox 回归模型整体都是显著的。表中报告的结果为回归系数，在分析中，为方便各个变量效应的解释，基于回归系数计算出风险比。下面对三个回归模型的结果做出具体阐述。

模型 1 报告了控制变量即个体的社会人口特征、健康特征和生活行为特征对死亡风险的影响。通过年龄和年龄平方的影响方向和程度可以发现，年龄与失能老人的死亡风险呈现"倒 U 形"关系，死亡风险呈现随年龄先上升后下降的态势。就性别而言，男性失能老人的死亡风险高于女性失能老人，女性失能老人的死亡风险比男性失能老人低 11.40%。以往研究表明，女性老人的平均余寿要明显高于男性老人，这个结论同样适用于失能老人。就户口性质而言，农村失能老人的死亡风险高于城镇失能老人，城镇失能老人的死亡风险比农村失能老人低 35.21%。就婚姻状况而言，没有配偶的失能老人的死亡风险要比有配偶的失能老人低 20.79%，可能的原因是丧偶的失能老人年龄一般较大，相对而言存活的时间更长。从居住类型方面来看，独居的失能老人相比与配偶、子女等亲属同住的失能老人死亡风险更低。数据显示，独居的失能老人比与他人同住的失能老人死亡风险要低 27.17%。其实，就居住类型对老年人健康的影响并没有达成一致的结论。有研究认为老人是否选择独自居住也存在一定的健康选择效应，即比较健康的老人更可能选择独居。本书的研究支持选择独居的失能老人可能具有更低的死亡风险。就收入水平而言，收入来源足够日常开销的失能老人的死亡风险低于收入来源不够日常开销的失能老人。结果显示，收入不够用的失能老人死亡风险比收入够用的失能老人高出 10.96%。从健康特征方面来看，失能程度越高，死亡风险越高；中度失能老人和重度失能老人的死亡风险分别比轻度失能老人的死亡风险高出 20.32% 和 49.63%。就是否有慢性病而言，至少含有一项慢性病的失能老人死亡风险比没有慢性病的失能老人低 16.23%。这可能表明健康状况较差的失能老人会更加注重健康维护，对疾病更加重视，在一定程度上降低了死亡风险。参加社会活动的失能老人死亡风险显著低于没有参加社会活动的失能老人，参加社会活动的失能老人死亡风险比没有参加社会活动的失能老人低 38.80%。而抽烟和喝酒对失能老人死亡风险的影响不具有统计上的显著性，在此不做解释。

表 6-2　Cox 模型估计照料贫困对失能老人死亡风险的影响（$N=6292$）

变量	模型 1	模型 2	模型 3
年龄	0.391***		0.3766***
	(0.041)		(0.042)
年龄平方	-0.002***		-0.002***
	(0.000)		(0.000)

续表

变量	模型1	模型2	模型3
性别（男性=参照）	-0.121***		-0.135***
	(0.042)		(0.042)
户口性质（农村=参照）	-0.434***		-0.429***
	(0.035)		(0.035)
婚姻状况（有配偶=参照）	-0.233***		-0.229***
	(0.059)		(0.059)
居住类型（与他人同住=参照）	-0.317***		-0.284***
	(0.071)		(0.072)
收入水平（不够用=参照）	-0.116***		-0.098**
	(0.040)		(0.041)
失能程度（轻度失能=参照）			
中度失能	0.185***		0.136**
	(0.041)		(0.041)
重度失能	0.403***		0.349***
	(0.048)		(0.049)
是否有慢性病（无=参照）	-0.177***		-0.190***
	(0.038)		(0.039)
社会参与（否=参照）	-0.491***		-0.471***
	(0.120)		(0.121)
是否吸烟（否=参照）	-0.103		-0.105
	(0.064)		(0.064)
是否喝酒（否=参照）	0.059		0.045
	(0.057)		(0.058)
照料贫困（否=参照）		0.115***	0.075***
		(0.034)	(0.036)
LL	-27592.4	-30180.7	-26782.6
df	12	1	13
p值	0.0000	0.0006	0.0000

注：表中报告的为回归系数，括号内为参照组和标准差；* $p<0.10$，** $p<0.05$，*** $p<0.01$。

模型2报告了在没有任何控制变量的情况下照料贫困对失能老人死亡风险的影响结果。结果显示，照料贫困在0.01的水平上显著；从回归系数的方向来看，相比没有陷入照料贫困即照料需求完全满足的失能老人，发生照料贫困的失能老人死亡风险更高。从影响程度来看，照料贫困失能老人的死亡风险要比照料需求完全满足的失能老人高出约12.18%。可见，照料贫困显著增加了失能老人的死亡风险，对其健康后果具有显著的负向影响。

模型3报告了加入控制变量之后，照料贫困对失能老人死亡风险的影响方向和程度。结果显示，同基准模型相比，社会人口特征、健康特征和生活行为特征等变量对失能老人死亡风险的影响依然显著，但是影响程度有所减弱，因不是本书关注的重点，所以不做进一步解释。而在控制社会人口特征、健康特征和生活行为特征之后，照料贫困与失能老人的死亡风险之间依然显著相关。只是，照料贫困对失能老人死亡风险的影响程度进一步降低。从回归系数来看，照料贫困的失能老人相比照料需求完全满足的失能老人面临更高的死亡风险。从影响程度来看，虽然照料贫困对失能老人死亡风险的影响程度有所减弱，但是照料贫困的失能老人的死亡风险依然要比照料需求完全满足的失能老人高出约7.78%。可见，假设1得到证实，即陷入照料贫困的失能老人相比照料需求完全满足的失能老人具有更高的死亡风险。由此，在照料服务供给中，不仅要关注失能老人是否获得了照料服务，更要关注他们的照料需求是否得到完全满足。也就是说，照料服务供给理念要实现"从获得走向满足"的转向。而社会政策实践中要进一步关注照料贫困问题及其给失能老人健康所带来的后果。

2. Cox 模型等比例风险（PH）假设的检验

Cox 模型的基本假定是任意两个个体间的风险比并不随时间变化，那么为了确保上述回归结果的可靠性，需要对 Cox 模型的等比例风险假设进行检验。检验等比例风险假设主要有两种方法：图形检验法和统计检验法。图形检验法主要通过"对数-对数图"进行，若图中的曲线相互平行，则支持等比例风险假设；若不同曲线斜率相差较远，则不成立。然而图形检验法的一个明显缺点是判断是否平行具有一定的主观性，而统计检验法提供了统计量和 p 值，结果客观且比较容易判断（钱俊等，2009）。所以，本章进一步利用残差检验法对等比例风险假设进行检验。残差检验法包括两个部分，其中 Schoenfeld 残差适用于对所有变量满足等比例风险假设的全局检验（原假设为等比例风险假设成立），而 scaled Schoenfeld 残差适用于对每个变量满足等比例风险的假设（原假设为每个自变量的系数不为 0）。表 6-3 展示了等比例风险假设检验的结果，全局检验（global test）所在行是对整个模型的检验结果。各个变量所在行是对各个自变量的检验结果。从全局检验和各个自变量与时间协变量的检验结果来看，我们暂时还不能拒绝原假设，也就是说，可以认为等比例风险假设在这里是成立的。

表 6-3 Cox 模型等比例风险假设的检验

变量	rho	chi^2	df	$prob > chi^2$
年龄	-0.009	0.28	1	0.598
性别	0.007	0.19	1	0.665
户口性质	0.043	6.37	1	0.011
婚姻状况	0.028	2.63	1	0.104
居住类型	0.01	0.34	1	0.559
收入水平	0.039	5.27	1	0.021
失能程度	-0.024	2.04	1	0.153
是否有慢性病	0.007	0.19	1	0.662
社会参与	0.002	0.02	1	0.886
是否吸烟	0.01	0.34	1	0.557
是否喝酒	0.003	0.05	1	0.824
照料贫困	0.014	0.68	1	0.409
全局检验（global test）		27.06	13	0.122

四 照料贫困对失能老人自评健康的影响

（一）不同照料需求满足状况失能老人自评健康结果分布及差异

照料贫困是本研究关注的核心变量，不同照料需求满足状况的失能老人的自评健康是照料贫困影响失能老人健康后果的一个重要体现。为了更加清晰地把握失能老人的自评健康状况、照料需求满足状况的变动及其关系特征，下面将基于三期调查的截面数据和追踪数据进行分析（见表6-4）。

1. 失能老人整体自评健康状况较差，照料贫困发生率较高

横向来看，三期调查中被访的失能老人对自身的健康状况评价整体不太乐观。2008年样本中有72.33%的失能老人认为自己的身体状况处于不健康的状态，有27.67%的失能老人认为自己的身体状况处于健康的状态；2011年样本中有69.49%的失能老人认为自己的身体状况处于不健康的状态，有30.51%的失能老人认为自己的身体状况处于健康的状态；2014年样本中有72.99%的失能老人认为自己的身体状况处于不健康的状态，有27.01%的失能老人认为自己的身体状况处于健康的状态。从三次调查中失能老人的自评健康结果分布来看，大部分失能老人主观上认识到自己处于不良的健康状态。历次调查中自评为不健康的失能老人所占比例大约比自认为健康的失能老人所占比例高出40个百分点。这一健康认识反映了大部分居家失能老人认为自己在健康方面处于不利的境况，从而需要外界的服务援助。

从照料需求满足状况方面来看，三期调查中被访的失能老人陷入照料贫困的比例较高，2008年样本中陷入照料贫困的失能老人占比为55.40%，2011年和2014年样本中陷入照料贫困的失能老人占比分别达到59.45%和58.84%。由此可见，失能老人的照料贫困状况具有一定的普遍性，而且近年来越发严重。综合分析可知，失能老人整体自评健康状况较差，同时照料贫困发生率也较高。至于二者之间是否具有相关关系，需要下面的进一步分析。

表6-4 不同年度失能老人的自评健康和照料贫困状况

单位：%

属性	类别	2008年	2011年	2014年
自评健康状况	健康	27.67	30.51	27.01
	不健康	72.33	69.49	72.99
照料贫困状况	照料需求完全满足	44.60	40.55	41.16
	照料贫困	55.40	59.45	58.84

资料来源：根据2008年、2011年、2014年中国老年人健康长寿影响因素调查（CLHLS）数据整理得出。

2. 不同照料贫困特征失能老人的自评健康差异

基于合并的三期纵向追踪数据，可以发现失能老人自评健康状况与照料需求满足状况之间的相关关系。图6-7是照料需求完全满足组和照料贫困组失能老人自评健康均值的条形图，呈现了两组失能老人在自评健康结果方面的均值（根据前文的变量操作，均值越高，表示自评健康越差）。总体来看，照料需求完全满足组失能老人的自评健康均值为5.5左右，而照料贫困组失能老人的自评健康均值为8.8左右，可见，照料贫困组失能老人在自评健康方面更为消极。

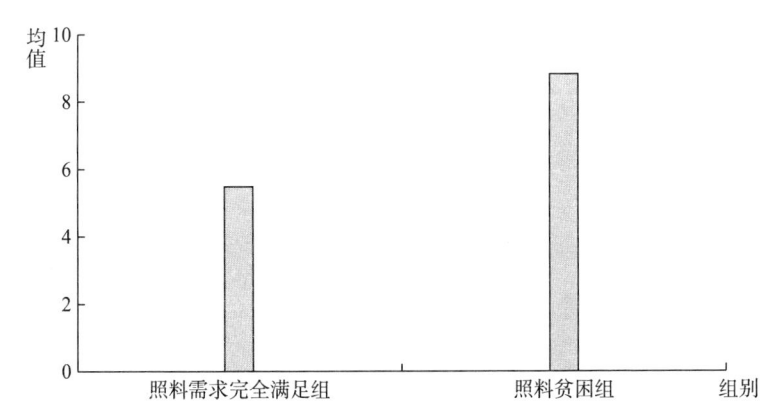

图6-7 照料需求完全满足组与照料贫困组失能老人自评健康均值

此外，从失能老人照料需求满足程度与自评健康的交互分析结果同样可以发现，不同照料需求满足程度的失能老人在自评健康方面存在显著的差异（见表6-5）。首先，没有陷入照料贫困也即照料需求完全满足的失能老人的自评健康状况较好，其中，有45.20%的失能老人自评为健康，有54.80%的失能老人自评为不健康。而陷入照料贫困的失能老人的自评健康状况则整体相对较差。发生照料贫困的失能老人中仅有23.77%的人报告自评健康状况较好，有76.23%的人自评为不健康。陷入照料贫困的失能老人自评为健康的比例比没有陷入照料贫困的失能老人低出约21个百分点。二者不仅差异非常显著，差距也比较大。由此可见，照料贫困的失能老人整体的健康状况要差于照料需求完全满足的失能老人。当然，照料贫困和自评健康二者之间是否具有显著的因果关系，还需要通过进一步的回归分析来证明。

表6-5 不同照料贫困状况与自评健康的交互分类统计（$N=2551$）

变量	自评健康（%）		卡方值	sig值
	健康	不健康		
照料贫困				
否	45.20	54.80	99.67	0.000
是	23.77	76.23		

资料来源：根据2008~2014年中国老年人健康长寿影响因素调查（CLHLS）数据计算得到。

（二）照料贫困对失能老人自评健康影响的离散面板回归分析

表6-6呈现了失能老人自评健康影响因素的分析结果。在分析中为了清晰识别这些变量的影响方向和程度，采用了逐步回归的方式。回归分析结果表明，这些因素对失能老人自评健康的影响方向和程度不一，随着变量的逐步进入，各个维度变量的预测作用不断发生变化。模型1为基准模型，主要识别各个控制变量对失能老人自评健康的影响；模型2为加入照料贫困特征之后的全模

型，主要考察照料贫困是怎样以及在多大程度上影响失能老人的自评健康。从全模型来看，照料贫困变量对失能老人自评健康状况具有较好的解释效应，是自评健康结果好坏的重要预测变量。通过表中汇报的回归系数和风险比可以对各个变量的影响方向和程度做出解释，具体分析如下。

1. 控制变量对失能老人自评健康结果的影响

模型1呈现了失能老人的社会人口特征、健康特征和生活行为特征等控制变量对其自评健康结果的影响。分析表明，年龄特征不具有统计上的显著性，对失能老人的自评健康状况没有显著影响；就性别特征而言，性别没有通过显著性检验，不具有统计学意义，对失能老人的自评健康状况没有影响；就户口性质而言，户口性质变量对失能老人自评健康状况的影响不显著，这可能是因为不论是城镇失能老人还是农村失能老人都因"失能"而面临一定的健康风险；就婚姻状况而言，婚姻状况对失能老人的自评健康具有显著的正向影响，无配偶的失能老人自评为不健康的可能性是有配偶的失能老人的1.570倍；就收入水平而言，失能老人的收入来源是否足够日常生活花销对其自评健康状况具有显著的影响，收入水平足够日常花销的失能老人自评为不健康的可能性仅仅是收入水平不够日常花销的失能老人的0.488倍；就居住类型而言，对失能老人自评健康状况有显著影响，独居的失能老人自评为不健康的可能性是与他人同住失能老人的1.739倍。从健康特征变量来看，失能程度和是否有慢性病的系数在1%的统计水平上具有显著性，表明健康特征对失能老人的自评健康状况具有显著的影响。就失能程度而言，中度失能和重度失能老人自评为不健康的可能性分别是轻度失能老人的2.849倍和3.915倍，这表明失能程度越高，自评健康状况越差；就是否有慢性病而言，至少有一项慢性病的失能老人自评为不健康的可能性是没有慢性病的失能老人的1.715倍。从生活行为特征方面来看，是否吸烟变量不具有统计上的显著性，也就是说，是否吸烟对失能老人自评健康状况没有显著的影响，而社会参与和是否喝酒对失能老人自评健康具有显著的影响。结果显示，社会参与对失能老人自评健康状况具有显著的正向影响,经常参加有组织社会活动的失能老人自评为不健康的可能性仅是没有参加有组织社会活动失能老人的 0.689 倍。这表明积极的社会参与是提升失能老人健康认识的有效途径。是否喝酒对失能老人的自评健康产生了显著的正向影响,数据显示,现在常喝酒的失能老人具有积极的健康自评,喝酒的失能老人自评健康为差的可能性是现在不喝酒的失能老人的 0.700 倍。这或许表明适量饮酒的失能老人往往对自己的身体状况更为乐观。

2. 照料贫困对失能老人自评健康结果的影响

模型 2 是在控制变量的基础之上加入核心自变量照料贫困后的全模型,通过模型 2 可以看出照料贫困对失能老人自评健康状况影响的方向、程度以及净效应。结果显示,同基准模型相比,社会人口特征、健康特征和生活行为特征等变量对失能老人自评健康状况的影响变化不大,因为这些不是本书关注的重点,所以不做进一步解释。从全模型来看,加入照料贫困变量之后,模型的解释力明显增强,照料贫困对失能老人的自评健康状况具有显著的影响。从回归系数方面来看,照料贫困的失能老人相比照料需求完全满足的失能老人更容易报告较差的自评健康。从影响程度方面来看,照料贫困的失能老人自评为不健康的可能性是照料需求完全满足的失能老人的 2.365 倍。可见,照料贫困对失能老人的自评健康具有显著的负向影响,假设 2 得到证实,即陷入照料贫困的失能老人相比照料需求完全满足的失能老人具有更差的自评健康。这同样表明照料贫困问题给失能老人的健康后果带来了负效应。那么,为提升失能老人对自身健康状况的积极认识,在照料服务供给和社会政策实践中必须重视失能老人的照料需求满足问题,确保不让失能老人陷入照料贫困的困境。

表 6-6 影响失能老人自评健康的 Logistic 回归分析结果 ($N=2551$)

变量	模型 1			模型 2		
	系数	风险比	标准差	系数	风险比	标准差
控制变量						
年龄	-0.110	0.895	0.086	-0.160*	0.852*	0.097

续表

变量	模型1			模型2		
	系数	风险比	标准差	系数	风险比	标准差
年龄平方	0.000	1.000	0.000	0.001	1.000	0.001
性别 （男性=参照）						
女性	0.136	1.128	0.120	0.128	1.136	0.136
户口性质 （农村=参照）						
城镇	-0.155	0.856	0.145	-0.074	0.929	0.118
婚姻状况 （有配偶=参照）						
无配偶	0.452***	1.570***	0.145	0.493***	1.637***	0.157
收入水平 （不够用=参照）						
够用	-0.716***	0.488***	0.132	-0.517***	0.596***	0.144
居住类型 （与他人同住=参照）						
独居	0.554***	1.739***	0.181	0.600***	1.821***	0.198
失能程度 （轻度失能=参照）						
中度失能	1.047***	2.849***	0.144	0.937***	2.552***	0.153
重度失能	1.365***	3.915***	0.265	1.223***	3.398***	0.261
是否有慢性病 （无=参照）						
有	0.540***	1.715***	0.112	0.609***	1.839***	0.121
社会参与 （否=参照）						
参与	-0.371**	0.689**	0.190	-0.327	0.721	0.210
是否吸烟 （否=参照）						
是	0.077	1.079	0.172	0.183	1.201	0.184
是否喝酒 （否=参照）						

续表

变量	模型 1			模型 2		
	系数	风险比	标准差	系数	风险比	标准差
是	-0.357**	0.700**	0.171	-0.414**	0.660**	0.186
核心自变量						
照料贫困（否=参照）						
是				0.861***	2.365***	0.113
_cons	6.335*	7.882*				
$prob > \chi^2$	0.000	0.000				
R^2	0.096	0.126				

注：* $p<0.10$，** $p<0.05$，*** $p<0.01$。

小 结

本章主要利用 2008 年、2011 年和 2014 年的三期中国老年人健康长寿影响因素调查数据，利用生存分析和 Logistic 回归分析方法，分别从死亡风险和自评健康两个维度，考察了照料贫困对失能老人健康后果的影响。本章的主要内容可以分为四个部分。

第一部分主要介绍了本章的数据来源、研究方法和模型构建。由于进行生存分析（也叫事件史分析）对数据要求较高，所以，对数据来源和预处理过程进行了详细介绍，通过一系列的数据处理最终得到有效案例数为 6292 个和 2551 个。紧接着对生存分析方法进行了介绍，围绕生存分析最重要的统计量——生存函数和风险函数以及进行描述分析的工具——卡普兰-迈耶估计（KM 估计）进行了介绍。同时，围绕半参数 Cox 比例风险模型的基本原理和模型表达式进行了阐释。

第二部分主要从理论分析、变量设置和实证策略方面也即研究设计方面进行了介绍。本章的因变量是死亡风险和自评健康，核心自变量是照料贫困，还选取了失能老人的社会人口特征、健康特征以及生活行为特征等作为控制变量，并在数据分析的基础上对变量进行了初步的描述。根据理论分析，本部分提出了两个理论假设：一是陷入照料贫困的失能老人相比照料需求完全满足的失能老人具有更高的死亡风险；二是陷入照料贫困的失能老人相比照料需求完全满足的失能老人具有更差的自评健康。在此基础上，设定了实证研究策略。

第三部分实证分析了照料贫困对失能老人死亡风险的影响。首先，利用 KM 估计刻画了照料需求完全满足组和照料贫困组失能老人的生存函数曲线和风险函数曲线，通过描述发现照料贫困的失能老人的死亡风险高于照料需求完全满足的失能老人。同时，进一步从失能老人的不同性别特征、年龄特征、户口性质特征和居住类型特征等基本特点出发，分析陷入照料贫困和照料需求完全满足失能老人的生存函数曲线差异，从而细致考察照料贫困对不同特征失能老人死亡风险的影响。其次，利用 Cox 比例风险模型验证了照料贫困对失能老人死亡风险影响的程度，发现在控制其他变量的条件下，照料贫困失能老人的死亡风险比照料需求完全满足的失能老人高出约 7.78%。研究结论通过了 PH 检验，具有稳健性。

第四部分实证分析了照料贫困对失能老人自评健康的影响。通过描述分析发现，失能老人整体自评健康状况较差，而陷入照料贫困的失能老人自评健康状况更差。通过离散面板回归模型分析发现，照料贫困对失能老人自评健康状况具有显著的负向影响，照料贫困的失能老人自评为不健康的可能性是照料需求完全满足的失能老人的 2.365 倍。

目前国内的相关研究中，往往忽视了照料贫困可能会给老年人健康带来的影响。本章的实证分析验证了照料贫困问题给失能老人的健康后果带来了显著的负效应。照料贫困导致失能老人面临更高的死亡风险和容易产生更差的自评健康。为此，有必要对失能老人的照料需求满足问题进行充分评估，有效识别照料贫困问题的发生，从而及时进行社会政策干预。

第七章　纾解失能老人照料贫困的政策建议

照料贫困是失能老人经济贫困之外面临的服务方面的贫困，当前照料贫困问题具有一定的普遍性，大部分失能老人的照料服务停留在"获得"的层面，距离"满足"还有一定的差距。同时，本书研究证明，照料贫困对失能老人的健康状况具有显著的负效应。因此，失能老人的照料贫困问题亟待解决。从阿马蒂亚·森基于能力的发展观出发，当失能老人缺乏能力，不能将自己需要的服务转化为对个人有效用的"功能"或"权利"时，需要通过公共政策来加强。本书认为现阶段发展社区居家养老服务的总体方向应是构建长期照料社会支持体系，从而补充家庭照料功能，提高居家失能老人的照料需求满足率，纾解照料贫困，而非过于强调从量上去替代家庭照料。当然，纾解失能老人照料贫困，为其提供照料服务社会支持是一个庞大的系统工程，涉及经济、法律、道德、社会政策等多个方面，具有系统复杂、难度较大等特点。本研究将重点从社会政策维度出发，结合前文的研究结论，分析纾解失能老人照料贫困的理念转向与基本原则，构建以纾解照料贫困为导向的长期照料服务社会支持体系，并围绕纾解照料贫困构建制度化的长期照料社会支持体系提出有针对性的政策建议。

一　纾解失能老人照料贫困的理念转变与基本原则

（一）"从获得到满足"：以理念变革引导社会政策制定

正常人抑或无残疾者通常认为吃饭、穿衣、洗澡等基本活动是理所当然的简单的事情。然而，失能老人却因功能受损在这些日常的基本生活活动方面面临挑战。如果他们在吃饭、穿衣、洗澡、如厕等基本活动方面的需求没有获得足够的照料援助，就会陷入不同程度的照料贫困。这不仅对失能老人个人的生活质量造成损害，而且对公共政策也将产生重要的影响。如果陷入照料贫困，这些失能老人将可能面临更高的死亡风险和更差的自评健康以及其他健康后果，这意味着他们将可能产生更高的医疗服务消费、耗费更多的长期照料资源。所以，针对失能老人，不能只关注是否有人（或组织）提供了照料服务，更要从失能老人的主位视角出发，关注他们的照料需求是否得到了完全满足。也就是说，针对失能老人长期照料的政策理念和行动计划导向要从"以获得为基础"转向"以满足为基础"。从积极老龄化的角度来说，这意味着失能老人有获得充足照料的权利，从而维持有尊严的晚年生活。

理念是行动的先导，构建纾解失能老人照料贫困的长期照料社会支持政策体系必须从理念变革开始。长期以来，我国在建设养老服务软件和硬件服务设施过程中，往往存在自上而下的计划经济色彩，缺乏与需求满足相关的基础信息的收集，长期照料服务供给政策制定多是从"供给端"或"需求端"出发，在很大程度上导致长期照料服务市场有效供给不足和利用率小于供给率的现象并存，使得我国长期照料服务效果不佳（郭林，2019）。正如上文的研究结果所示，当前失能老人的照料贫困发生率在60%左右，仍有很大一部分失能老人的照料需求没有得到完全满足。可见，通常从供给和需求视角出发的长期照料服务发展理念并不能很好地适应当前失能老人长期照料社会支持发展的需要。政府和社会要以保障失能老人的照料权利为宗旨，确立"完全满足失能老人照料需求"的长期照料社会支持理念，激发和确立失能老人在自身长期照料中的主体意识和主位角色。

"从获得到满足"的理念转向，对引导社会政策变革具有几点重大的启示意义。首先，可以从失能老人照料需求满足视角出发，构建常态化的失能老人照料需求满足状况调查机制，从而识别社区中陷入照料贫困的风险人群。同时，及时将他们与公共资助的家庭支持政策和社区服务政策连接起来，从而提升公共资金和公共服务机构的"瞄准度"。通过聚焦社区居家养老服务的基本服务对象，突出重点，从而运用有限的资金、人力和物质资源为最有照料需求的失能老人提供照料服务援助。其次，不同照料贫困程度的区分为政策精准干预提供了指引。对于失能老人，涵盖接受他人照料和无人提供有效照料的人，基于需求满足理念可以细分为照料需求完全满足（"需求满足组"）、部分照料贫困组（"需求得到部分满足"）和完全照料贫困组（"需求没有得到满足"），对于这三组群体所对应的社会政策应该是显著不同的。社区居家养老服务对于他们所能发挥的作用也是有区别的。再次，可以从健康维护角度出发，更加重视失能老人的健康管理，提升生命质量。对于功能丧失严重的失能老人，需要外界援助来代偿失能水平，如果代偿不足，则会提高失能老人的死亡风险，进一步恶化健康状况。因此，关注失能老人的照料需求满足状况，可以更好地预防失能老人陷入"功能损耗—照料贫困—健康恶化—需求加剧—照料贫困"的不良循环。这一点对失能老人本身和失能老人的主要照料者而言意义重大。最后，为政府相关公共政策效果评估和考核提供了新的思路。区别于以往考核指标聚焦社区养老服务机构数量、床位数、设施建设等硬指标，从需求满足理念出发，构造"照料贫困发生率"指标，可以为政府在社区居家养老服务体系建设绩效评估中提供新的选择。

（二）纾解失能老人照料贫困的基本原则

1. 重点突破原则

截至目前，我国出台了诸多涉及养老服务的政策，看似面面俱到，实则重点不明，政府每年在养老服务领域投入大量资金，效果却并不明显（唐钧，2015）。本书认为，在中国2亿多老年人群体中，生存状况最为困难的是失能老人群体，其中又以部分照料贫困和完全照料贫困的失能老人为甚。从理论上而言，一般只有当失能老人的家庭照料缺位或不足以满足其照料需求时，才会寻求社会照料服务支持，以替代或补充家庭照料。所以，照料需求完全满足的失能老人并不必然是社会养老服务的有效需求对象。以往将所有老人作为社会养老服务的对象,在一定程度上造成定义太广,重点不明。一方面,没有摸清具有社会长期照料服务需求的底数;另一方面,"撒胡椒面"似的财政支持和投入,造成了很大的资源错配和资源浪费。因此,必须通过重点突破,识别照料贫困的风险人群,明确政策的"目标定位",据此规划潜在需求规模,从而在发展社区居家养老服务中,利用有限的资源,为最有照料需求的人群提供服务。

2. 区域差异原则

区域差异主要包括两个维度,一是城镇和农村之间的差异;二是东部和中部、西部之间的差异。研究发现,失能老人照料贫困发生率存在明显的区域差异,表现为农村失能老人的照料贫困发生率明显高于城镇失能老人的照料贫困发生率;东部失能老人的照料贫困发生率明显低于中部和西部失能老人的照料贫困发生率。所以,在社会政策介入纾解失能老人的照料贫困问题时,考虑现实存在的区域差异具有必要性。同时,从照料贫困的两种类型来看,农村失能老人相比城镇失能老人发生完全照料贫困的比例更高。因此,从城乡方面来看,城镇和农村发展长期照料服务的功能定位需要因地制宜;从地区层面来看,鉴于中西部农村较高的照料贫困发生率,政府整体照料资源布局应该进一步向中西部农村地区倾斜。

3. 基本公共服务均等化调节原则

失能老人长期照料服务具有公共服务或准公共服务的性质,照料服务供给需要凭借公共政策才能执行和实施。在纾解失能老人照料贫困构建长期照料社会支持体系过程中,应该坚持基本公共服务均等化的原则。基于共享理念一般将公共服务分为由政府主导的基本公共服务和由市场供给的非基本公共服务。相应的失能老人的养老服务可以划分为基本照料服务和非基本照料服务。均等化既是一个经济问题,也是一个政治问题,基本公共服务均等化是我国政府的重要政策目标之一(郭小聪、代凯,2013)。"十三五"规划提出均等化不是绝对相等,而是大致相等。这意味着均等化需要进行能力的划分,让能力强的群体可以按照贡献获取基本公共服务,让能力弱的群体也可以得到基本公共服务。结合本书的研究结果,可以发现,作为基本养老服务重要组成部分的失能老人照料服务,也需要进行均等化调节。一方面,依据可行能力进行调节。这里的可行能力主要是指失能老人获取照料资源的能力(主要包括家庭照料能力和经济支付能力)。另一方面,依据需求满足状况进行调节,不同照料贫困程度的失能老人对基本公共服务的需求不同。首先,对于可行能力较弱或者完全照料贫困的失能老人,基本照料服务均等化可以通过政府兜底途径,免费为他们提供。这样可以确保他们获得基本养老服务的机会和平等化结果,并且使得建立"失能老人福利性基本长期照料服务支持子系统"成为可能。其次,对于可行能力较强或者部分照料贫困的失能老人,基本照料服务均等化可以通过政府提供相应补贴,以成本价格向其提供服务,从而确保他们也可以获得照料服务均等化的机会。这样可以使得建立"失能老人长期照料服务非营利性社会支持子系统"的设计得以实现。

4. 特别照顾原则

现阶段陷入照料贫困的失能老人很大一部分集中在经济收入水平较低、生活水平较差、丧偶独居、男性低龄以及具有多种慢性病的失能老人群体中。尤其是中西部农村的独居男性失能老人,"五保""三无"失能老人,由于多种困境叠加,他们难以依靠自我照料和家庭照料获得充足有效的长期照料服务,从而陷入照料贫困的困境,整体生活质量较低。针对这些特殊的照料贫困群体,应该坚持特别照顾的原则,提供相应的照料社会救助,给予特殊的关心和支持,从而确保这部分有特殊困难的失能老人能够拥有基本的生活质量,保障应得的获取照料的权利,维持有尊严的晚年生活。

5. 健康维护原则

失能本身就意味着老年人出现了部分功能丧失,健康状况不佳,那么健康维护对失能老人而言则具有重要的作用。尤其是在当前"大健康"时代,倡导健康优先理念,正如《健康中国 2030

规划纲要》提出："把健康摆在优先发展的战略地位，将促进健康的理念融入公共政策制定实施的全过程，从而实现全过程、全周期的健康保障和维护。"本书的研究结论证实，照料贫困可以导致失能老人更高的死亡风险和更差的自评健康，是一个重要的、有效的衡量失能老人健康状况的指标。因此，一方面，从健康维护方面而言，政府和社会不能忽视失能老人的照料贫困问题，应该给予照料对象和主要照料者有效的资金和服务支持；另一方面，在应对失能老人照料贫困问题时，政策出发点不应只是单纯考虑照料服务的供给，还应该和失能老人的健康维护联系起来。因为应对照料贫困，在满足失能老人照料需求的同时，将对他们的健康状况产生积极的影响，从而提升他们的健康水平，避免健康状况进一步恶化。

6. 政府责任优先与社会多元协作相结合原则

在构建失能老人长期照料服务社会支持体系过程中，应该明确政府的主导地位。首先，政府应该负责制定和安排国家层面的发展规划、战略和专项政策。同时，充分发挥制度激励和财政引导的作用，有效供给失能老人基本照料服务。通过不断建设法规体系，制定相关政策，构建长效管理机制，促进和规范失能老人长期照料社会支持工作的开展。当然，福利多元主义作为当代社会福利发展的必然趋势，对构建失能老人长期照料社会支持体系具有重要的指导意义。政府、市场、社区、非正式组织和家庭等正式和非正式支持主体都应该在这一过程中发挥作用，而不是政府的独家责任。值得注意的是，构建社会支持体系并不代表个人与家庭之间支持性联系的削弱。家庭是失能老人照料服务供给的重要组成部分，社会支持中对家庭的支持政策恰恰能够提升家庭的非正式照料能力。

二 以纾解失能老人照料贫困为导向的长期照料社会支持体系构成

以纾解失能老人照料贫困为导向的长期照料社会支持体系的

构建,应该在国家社会福利体系建设的宏观背景下进行设计,既要保障失能老人与普通老人获取养老服务的平等权利,又要考虑失能老人的特殊性,推进失能老人专项照料服务的发展。在让失能老人享受"普惠性"养老服务社会支持项目的基础上,逐步扩展"特惠性"的长期照料服务的社会支持政策的广度和深度。

(一) 以纾解照料贫困为导向的长期照料社会支持体系框架

从保障民生角度出发,构建制度化的长期照料社会支持体系,需要发挥政府的主导作用,依托基本公共服务供给,支持福利供给主体的功能发挥,以相关制度、政策和法规为保障,充分满足失能老人群体的基本照料服务需求。已有研究鲜有从失能老人照料需求满足程度的视角出发,围绕纾解照料贫困的目标,系统讨论如何更好地发挥社会多元支持主体间的互动协作,形成失能老人长期照料社会支持"多元并举"的格局。基于前文对失能老人照料贫困问题的系统分析,本书构建以纾解照料贫困为导向的社会支持体系的基本思路是基于失能老人照料需求满足程度,重点围绕照料贫困的失能老人,构建充分发挥多元支持主体照料功能的长期照料社会支持体系。

社会支持体系的主体结构是一个由政府支持、社区支持和家庭支持组成的结构系统。这个系统中除包括政府等层面出台的制度化的正式社会支持之外,也涵盖非正式支持层面提供的支持。遵照福利多元主义理论,能够实现良性运作的失能老人长期照料社会支持体系应该是一个既包括政府机构、商业部门、基层社区、非正式组织等正式社会支持来源,也包括失能老人家庭、亲友、个人等非正式社会支持来源的多元主体发挥合力的系统。在这个系统运行中,政府的角色是基于顶层设计主导体系构建,社区是政府政策的"中介",是照料服务和外界支持服务递送的依托,其他社会组织则发挥补充作用,从而形成以政府福利政策和制度为引导,以社区综合支持为主体,以社会组织和失能老人社会关系网络为补充的长期照料社会支持体系。在社会支持体系运作过程中，充分发挥政府、社区、家庭等其他支持主体的"增能"作用。考虑到政府的机制和政策对于建立和强化非正式支持具有不可替代的作用，可以通过政府政策赋权，不断增强社区、家庭、非正式组织等主体的照料服务能力。

（二）以纾解照料贫困为导向的长期照料社会支持体系的发展路径和体系构成

1. 发展针对失能老人的专项社会支持政策和制度体系

针对失能老人的专项社会支持政策和制度，属于正式社会支持体系的内容。在失能老人长期照料正式社会支持体系构建中，政府处于主导地位。只有政府能够通过设计失能老人专项社会支持政策和制度，来配置不同领域和不同形式的社会支持资源。因为构建失能老人正式支持体系，涉及一系列政策和制度建设。如失能老人经济保障水平的提高和服务保障制度的构建、失能老人医养结合制度的推行、购买服务的范围和内容、社区居家养老服务建设等，都需要政府层面出台政策和进行制度建设。同时，政府还负责管理和服务其他社会支持主体。当前，专门面向失能老人群体长期照料服务的正式社会支持政策体系处于缺位状态，相关附属性的支持政策难以满足规模庞大并迅速增长的失能老人群体的需求。为有效破解当前养老服务发展中面临的困境，需要重点突破，针对失能老人群体构建制度化的长期照料正式支持政策，并且从政策层面支持非正式支持主体的发展，促进非正式支持主体能力的提升。

2. 发展以社区为基础的长期照料社会支持体系

当前，"就地老化"是许多国家长期照料政策的目标，其中社区的作用无疑比较凸显。本书的研究表明，社区生活照料服务支持对失能老人免于照料贫困具有积极的作用，"社区化"应该作为失能老人照料服务社会支持工作的一个发展方向。失能老人的长期照料支持工作不能剥离社区，作为比较贴近老人的供给主体之一，有必要充分整合社区服务资源为失能老人提供各项照料服务支持（郝涛、徐宏，2016）。要逐步建立健全失能老人长期照料社区支持网络，以需求满足为出发点，立足不同社区的社会支持能力，建立集生活照料、医疗康复、文化娱乐、无障碍环境等于一体的微型社区支持网络。同时，以社会工作者为主体，实现失能老人照料服务社区支持服务的职业化，从而逐步推进失能老人照料服务社会支持的专业化和规范化（周沛，2013）。

3. 发展分层分类差异化的长期照料社会支持体系

从纾解失能老人照料贫困这个特定角度出发，发展差异化的社会支持体系具有现实需求。根据失能老人的照料需求满足状况，将其分为三类子群体。一是照料需求完全满足的群体。对于这类老人，家庭成员作为主要照料者，能够提供充足有效的照料服务。老人依靠养老金、家庭代际经济支持和人力支持能够负担所需的生活和照料服务支出，政府无须提供额外的支持。二是部分照料贫困的失能老人。这类老人的部分照料需求已经超过家庭的承载能力，需要外界提供服务支持以补充照料缺口。那么，社区可以作为补充主体协助家庭共同为他们提供长期照料服务。由于其本身可行能力不足，需要政府在经济上提供补贴，同时提供日托、康复、家庭护理、家政服务、房屋改造、老年餐桌、助购助医等增长性服务，帮助他们提升生活质量。三是完全照料贫困的失能老人。这类老人大部分是经济贫困（低保或低保边缘户）、照料缺失或失能程度较高的老人。由于这类老人的特殊性，机构应该成为他们照料服务的主要提供者，而政府则应成为照料开支的主要承担者。这类老人应该属于政府的兜底保障人群，完全由政府提供照料服务。

4. 发展支持家庭照顾者的长期照料社会支持体系

子女作为主要的家庭照顾者对父母尽孝敬养，是我国传统孝文化的重要内核，也是东西方养老文化的重要区别之处，所以当前家庭提供养老照料依然是我国失能老人获取照料服务的主要方式。首先，在经济供养方面，除失能老人自身的养老保险金和积蓄之外，维持生活的其他收入主要来源于其子女等核心家庭成员。其次，在日常生活照料方面，子女等亲属能够便利地提供洗衣、做饭、洗澡等基本生活服务，同时能够寓精神慰藉于日常照料之中。可以说，在人口老龄化、高龄化快速推进，社会养老服务体系尚不健全的背景下，在未来很长一段时间，家庭成员尤其是子女依然会是失能老人照料资源的主要提供者。但是，人口预期寿命提高直接导致了代际共同生活时间的延长，以及由此衍生的照料与支持关系的延长。加之长期照料的特殊性使得子女需要持续花费时间、金钱和精力来照料丧失自理能力的父母，资源的耗用、沉没的时间成本以及代际双方的压力使得照料关系具有脆弱性，在长期的照料中可能会出现子女缺位或者照料质量下降的状况。故而，在传统的"家庭支持"面临较大压力的情况下，应该从"家庭支持"向"支持家庭"的路径转变，从收入支持、喘息支持以及精神支持等多维度针对家庭照顾者制定相应的支持政策，从而使得子女等家庭照顾者能够更好地发挥作用。

三 纾解失能老人照料贫困，构建长期照料社会支持体系的政策优选

在当前人口老龄化、高龄化快速推进与失能老人长期照料服务体系尚未建立存在张力的现实背景之下，按照"十三五"规划中提出的为最有照料需求的老人提供服务的总体要求，必须分步推进，分类施策，建立与当前社会经济发展水平和人口结构转型相适应的长期照料服务保障体系，从而为真正具有社会养老服务需求的照料贫困的失能老人提供可持续的照料服务。在从"以获得为基础"到"以满足为基础"的理念转变指引下，可以依据失能老人照料需求满足程度，实现失能老人的长期照料服务有效供给。以往我国在社会养老服务体系建设中由于对失能老人的照料需求满足状况认识不足，忽视了照料贫困问题，在一定程度上使得政府和社会对老年人的长期照料需求规模和照料服务供给负担认识被过分放大，进而使得政府养老服务资源没能有效配置，加剧了照料服务供需结构的失衡。本章将基于照料贫困的理论分析和实证研究结果，在上述基本原则和社会支持体系框架指引下，提出纾解失能老人照料贫困的政策建议。

(一)重视失能老人的照料需求满足状况,识别社区中陷入照料贫困的风险人群

1. 开展社区失能老人照料需求满足状况常态化调查,构建照料贫困识别机制

本研究所发现的照料贫困的普遍性表明,需要重新认识失能老人的长期照料服务问题,高度重视失能老人的照料需求满足程度。基于失能老人主位视角,从政策层面做出更进一步的努力,有效识别社区里面处于风险中的失能老人,并将他们与照料服务援助联系起来。本研究基于失能老人两个问题的自我报告测量并考察了照料贫困的现实表征,验证了照料贫困导致的健康后果,关于健康后果的研究与国外既有结论具有一致性是令人鼓舞的。同时,以往关于一般自我报告的单一问题的研究也已经表明,通过其预测死亡率和医疗卫生服务利用与利用常规仪器检测一样具有可靠性(Desalvo et al., 2005)。因此,基于被访者有关失能的严重程度和他们在日常生活活动中的需求是否得到满足的自我报告,可以作为有效的"筛选工具",对需要长期照料服务援助的失能老人进行准确的资源链接和分配。

定期开展关于失能老人照料需求满足程度的调查,准确掌握其需求满足程度的变动状况是构建常态化调查机制的重要内涵。我们可以从两个层面构建:一是利用基层社区的老年专干(残疾专干、民政专干、计生专干)等服务力量,针对社区失能老人开展"季度调查"等,及时有效地掌握社区失能老人的照料资源供给和需求满足状况,建立稳定的调查和反馈渠道,让社区和基层政府掌握动态信息,从而进行有效的干预;二是借鉴日本政府应对人口老龄化的经验,从国家发展的战略高度,调动全国养老和健康领域的科研资源,积极开展老年健康的预防和应对研究。为此,可以建立由政府主导,以各个层次高校为主体的研究团队,定期开展针对失能老人的追踪调查。由政府给予充足的软件和硬件保障,支持科研团队围绕失能老人的基础信息、健康状况、照料资源、需求满足状况进行调查研究。通过专业的学术团

队，对照料服务供给效果进行有效评估。通过学术研究力量和基层社区服务力量的结合，一方面为照料贫困识别机制的构建提供了智力支持，另一方面也为有效掌握需求满足的信息提供了人力保障。

2. 规划社会养老服务建设可以针对照料贫困的失能老人进行重点突破

政策制定者对失能老人照料需求满足状况缺乏清晰认识可能是社会养老服务规划和供给结构性失衡的重要诱因。为了提高社会养老服务资源的瞄准度和配置效率，为最有照料需求的失能老人提供服务援助，可以针对照料贫困的失能老人进行重点突破。第一，可以基于照料贫困发生率进行社会养老服务规划。老年人口尤其是失能老年人口规模增长，其实并不一定意味着社会养老服务需求规模的增长，我们要客观认识失能老人规模增长与服务供给匹配之间的关系。很大一部分照料需求可以通过家庭得到完全满足的失能老人，往往并不是社会养老服务的潜在对象。正如研究显示，41.16%的居家失能老人通过家庭照料支持获得了充足有效的服务。理论上，他们对社会提供的照料服务并没有直接的需求。而其余58.84%的照料贫困失能老人才应该是规划社会养老服务时聚焦的潜在对象。由此，政府在规划机构照料床位、社区居家养老服务中心、社区照料中心床位等硬件服务设施以及配备养老护理人员数量时，要避免片面根据总的老年人口规模进行粗略计算，而是要根据所在区域的照料贫困发生率进行精细安排。第二，社会政策干预要考虑不同群体照料贫困发生率的差异，使社会支持政策更加"有的放矢"。研究发现，独居、低龄和农村的失能老人具有较高的照料贫困发生率，这些群体受家庭照料资源短缺的约束比较明显。通过进一步数据分析发现，低龄失能老人的平均子女数以及与子女同住的比例明显偏低。由此可以判断，子女数量减少和居住分离使得低龄失能老人可获得的家庭照料资源萎缩。这一方面要求社会支持政策要充分考虑对独居、低龄和农村失能老人的照料支持；另一方面也启示政府如何从长远出发综合考虑生育政策、人口流动以及长期照料政策制度的制定和完善，从而预防照料贫困在新一代失能老人群体中扩展。

（二）基于不同照料贫困程度构建失能老人长期照料服务支持系统

在基本公共服务均等化调节原则和特别照顾原则指引下，可以依据不同照料贫困程度构建长期照料服务系统，以确保失能老人的照料需求都能够获得完全满足。据此，可以建立四个照料服务子系统。第一，福利性基本照料服务子系统。由政府兜底为完全照料贫困的失能老人提供免费的基本照料服务，体现失能老人照料服务的福利性和基本照料服务的替代功能。第二，非营利性基本照料服务子系统。为部分照料贫困的失能老人提供的以成本价格为依据的基本照料服务，发挥基本照料服务的补充功能。第三，营利性非基本照料服务子系统。为全体失能老人提供的以市场价格为准绳的非基本照料服务，体现享受多层次服务水平的差异性。第四，帮扶性照料社会救助子系统。①为处于困难边缘群体的失能老人提供的以服务为载体的帮扶性的救助保障，体现出对特殊困难失能老人群体的关怀。四个子系统共同构成以纾解照料贫困为导向的长期照料服务系统（见图7-1）。

1. 面向完全照料贫困的失能老人提供的福利性基本照料服务子系统

福利性基本照料服务子系统是指由政府发挥兜底作用，旨在保障困难失能老人生存和发展的权利。政府通过提供财政全额补贴或者通过政府主办的福利性养老机构以及社区照料服务机构，采用"院舍兜底"等方式，免费为无人提供照料或照料无效的完全照料贫困的失能老人提供机构性照料服务保障系统。通过福利

---

① 照料社会救助，是指国家和社会等其他主体为遭受经济和生活自理双重困难的老年人提供的最低的照料保障，以维持其最低的照料生活需求，保障其最低生活水平。其实照料社会救助和生产社会救助、教育社会救助、医疗社会救助、灾害社会救助等专项社会救助一样，都是整个社会救助体系的重要组成部分。照料社会救助也可以理解为长期照料保障制度的一部分。目前"照料社会救助"的提法还比较少，多以"护理补贴""护理救助"等名称出现。

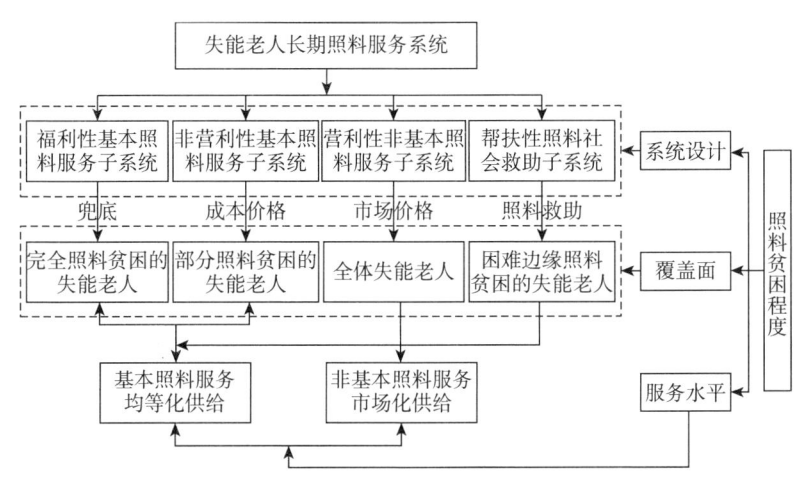

第七章 纾解失能老人照料贫困的政策建议 | 167

图 7-1 失能老人长期照料服务系统构成

性基本照料服务子系统为完全照料贫困的失能老人提供基本的生活照料、医疗护理和精神慰藉等"兜底性"的长期照料服务，使他们也能够均等获得政府提供的基本公共服务，从而保障这一部分失能老人最基本的生活质量、照料权利和生命尊严。这一福利性基本照料服务子系统充分体现社会照料服务针对家庭照料服务缺失的替代功能，其受众群体主要是约占失能老人总体5%的完全照料贫困的失能老人。

2. 面向部分照料贫困的失能老人提供的非营利性基本照料服务子系统

非营利性基本照料服务子系统是指由政府发挥主导作用，通过政府购买服务、提供补贴、税费优惠等多种方式，引导市场、社区、非正式组织等多元福利供给主体参与，利用居家养老、社区服务、老年公寓等多种照料资源供给形式，以服务形成的成本价格向部分照料贫困的失能老人群体递送以维持基本日常生活为目的的照料服务以及基本的医疗康复等长期照料服务。通过非营利性基本照料服务子系统充分体现社会照料服务针对家庭照料不足的补充性功能，对家庭照料提供补充和支持，从而保障约占失能老人总体55%的部分照料贫困失能老人的基本生活照料需求得到完全满足。

3. 面向全体失能老人提供的营利性非基本照料服务子系统

营利性非基本照料服务子系统是指由市场主导，通过市场竞争机制配置资源，通过居家或社区等形式，以市场价格为准绳，面向全体失能老人生产并提供的中高档层次的长期照料服务。在这个服务供给系统下，市场主体基于竞争价格提供服务，失能老人作为"消费主体"从市场上选购优质的服务。而政府为了推动非基本公共服务的最优配置，可以作为第三方进行质量监督和管理，从而实现成本控制和效果保障。以市场机制提供的非基本照料服务，一方面，可以有效满足失能老人随着社会经济发展而日益增长、变化的新形式的照料服务需求；另一方面，可以有效满足失能老人群体中社会经济地位较高、需求层次多样化的照料服务需求，从而可以促进相关养老产业的发展，培育长期照料服务市场。通过营利性非基本照料服务子系统，可以帮助约占失能老人总体40%的照料需求完全满足的失能老人获取更高层次的照料需求。

4. 面向困难边缘的失能老人提供的帮扶性照料社会救助子系统

帮扶性照料社会救助子系统是指在特别照顾原则指导下，由政府作为实施主体，承担大部分照料社会救助的资金，引导和鼓励社会力量参与，为处于困难边缘群体的照料贫困的失能老人提供的能够适度满足最低生活照料需求，以照料服务支持为载体的帮扶性的救助系统。该系统主要覆盖经济收入水平较低、丧偶独居、男性低龄以及有多种慢性病的具有特殊困难的失能老人。

（三）从"家庭支持"到"支持家庭"，制定提升家庭照料能力的支持性政策

"十三五"规划提出"建立健全家庭养老支持政策"，实质上是引导公共政策"支持家庭"。在这个过程中，需要我们转变观念，即对居家失能老人的援助不能狭隘地理解为仅对失能老人本人的援助，还包括对家庭照料者的帮扶。支持家庭可以从三个方面理解：一是对担负照料责任的家庭成员（尤其是子代）进行道德引导，弘扬尊老敬老爱老的文化传统，鼓励创设和谐的家庭关

系；二是外界为承担失能老人照料服务供给的家庭或个人提供直接的或间接的经济支持或服务援助；三是针对困难失能老人提供经济支持和服务援助。

1. 实施"孝文化传承计划"，宣传尊老敬老爱老文化传统，重视家庭代际和谐关系的构建

虽然随着社会经济转型、现代化进程的推进，我国传统的家庭代际关系呈现剧烈变迁，但是当前居住在家中由子女等亲属提供照料服务依然是失能老人养老的主要模式，即当前失能老人的照料资源主要集中在家庭内部。研究显示，失能老人的家庭地位和家庭代际关系的表现对其是否陷入照料贫困具有显著的影响。家庭成员如果能够充分尊重老人的意见，保障失能老人具有一定的决策权和话语权，并且代际双方具有双向的经济流动，那么失能老人往往不容易陷入照料贫困。可见，孝文化作为一种文化资源，其合理成分在老年人照料中能发挥巨大作用。文化信念作为非正式制度的核心，往往是稳定的，这种文化信念对人们行为的影响也是根深蒂固的。社会既存的文化信念、伦理道德作为社会成员的"共同知识"会决定和影响处于一定社会博弈中的博弈者对他人的行为和策略选择的预期，会对制度及其实施机制产生作用（肯·宾默尔，2003）。孝文化是东方人特有的情感文化和道德文化，也是我国老龄文化的组成部分，是我国养老服务体系建设的文化基础。基于此，在失能老人长期照料服务制度建设中，不能忽视良好家庭关系的建设，需要尤其重视家庭代际关系和谐，为鼓励和引导家庭照料营造良好的社会环境。为此，政府和社会应重视传统的孝文化建设，加强尊老敬老爱老的教育宣传。除通过法律法规、社会舆论进行维护和监督外，还应该通过课堂、书籍、广播电视、网络平台、社区宣传等途径，弘扬中华民族尊老敬老爱老的优良传统，使孝文化深入人心（张国平，2015）。

2. 实施"支持支持者计划"，支持家庭照料者使之成为稳定的照料供给主体

由于长期照料的特殊性，其给主要照料者带来沉重的身体、心理和经济负担，这些负担会对照料者的生活质量、身心健康和对老人提供援助的态度产生负面影响。本书的研究结果表明，家庭成员的照料强度、照料费用以及照料者的照料意愿，对失能老人是否发生照料贫困具有显著的影响。而当前，中国缺乏针对家庭照料者的支持政策，但来自外界的支持和协助正是传统非正式社会支持者所迫切需要的。为减轻失能老人家庭的长期照料负担，持续发挥家庭这一非正式支持主体在失能老人长期照料社会支持体系中的重要作用，除文化引导之外，还必须制定面向失能老人家庭照料者的支持政策。本书提出的"支持支持者计划"，主要是政府和社区等正式支持主体对实施照料的家庭成员（特别是老人子女）提供经济补偿和服务帮助。如新加坡有"照料者支持服务"（caregiver support services），服务项目包含求助热线、信息发布、转诊、建议咨询、支持小组、外展服务和公众教育、住房优先、税收优惠等（张凯悌、罗晓晖，2010）。欧美发达老龄国家在家庭照料政策方面，基本采取了对家庭照料者给予护理、现金津贴、膳食、休息、情感和心理等方面的支持，并制定了制度进行细致安排（特斯特，2002；李俊，2018）。国外针对照料者的支持政策，有力地支持了家庭照料者，使居家照料可以持续发展，值得我们借鉴。

本书认为针对照料贫困家庭照料者的支持计划可以包括以下内容。精神援助。建立社区失能老人照料者互助网络。以此为载体，方便照料者之间的交流，提供精神上的支持。同时链接社会工作者经常登门提供心理疏导。服务援助。为照料者定期提供家务服务、派餐服务、护理服务等具体的援助服务。喘息服务。在社区内开展如日托服务、暂托服务等，让照料者有喘息休息的机会。经济援助。对照料者给予一定的税收优惠和现金补贴。技能服务。政府组织实施专业的护理技能培训，提升照料者的照料水平和效率。职业服务。对在职的照料者，可以在事假、工作时间、带薪照料假期等方面给予照顾和安排。通过这些支持措施，可以减轻照料者的负担，改善照料者的行为和态度，提高照料质量和照料积极性，从而有助于改善失能老人的照料需求满足状况。

3. 实施"贫困失能老人支持计划",针对"双困"失能老人提供服务援助和提高照料补贴水平

"双困"失能老人是指陷入照料贫困并且经济困难的老人,他们是失能老人群体中的特殊弱势群体,在获取照料服务方面面临困境。回归结果表明,个人的经济状况在塑造失能老人的照料贫困状况方面发挥着重要作用,个人收入水平较低,生活来源不足以维持日常生活开销的失能老人更可能陷入照料贫困。因此,对"双困"失能老人提供额外的经济援助和服务支持是满足其照料需求的有效途径。事实证明,在充分的市场供给条件下,良好的经济条件能够使失能老人获取更多的照料资源,如良好的医疗护理、有偿家庭照料等,从而减少照料贫困的发生。故而,这类支持计划对农村失能老人和低收入失能老人而言更为重要,因为他们有着较低的社会经济地位和更高的照料贫困发生率。为此,可以从服务援助和经济援助两个方面提升"双困"失能老人的可行能力。

一是将"双困"失能老人纳入福利性基本照料服务子系统或者帮扶性照料社会救助子系统,对他们直接提供服务援助。可以由社区居家养老服务中心为部分照料贫困的失能老人家庭提供补充服务。通过评估机构对居家失能老人的能力(身体能力、经济能力)进行评估,社区居家养老服务中心为失能老人建立服务档案,根据评估结果确定其是否能够免费入住政府办养老机构或者上门提供基本生活照料服务援助的时间。

二是通过经济支持对困难失能老人进行"能力建设"。首先,应该提高困难失能老人的养老保险领取额度,提高持续性的收入水平;其次,可以提高困难失能老人的医疗保险报销额度,失能老人一般是慢性病的高发群体,对医疗服务具有较高需求,在长期护理保险尚在试点阶段的背景下,可以探索将住院的护理费、康复训练费等纳入医保报销范畴;再次,在具有普惠性的高龄补贴之外,还可以进一步将80岁以下的困难失能老人纳入补贴发放范围,同时,进一步提高"双困"失能老人养老服务的补贴标准;最后,推进长期照护保险制度建设,通过顶层设计推出覆盖全体失能老人的可持续的长期照护保险,以基本护理保险形式提供资

金，满足包括困难弱势失能老人在内的老年人基本照料服务需求，无疑是比较理想的形式。

（四）建立社区照料服务支持系统，充分发挥社区照料的"填补"功能

社区是开展长期照料服务的基本单元，也可以说是长期照料服务社会支持体系的基点。在当前中外养老服务领域"去机构化"和"就地老化"的理念指引下，建立社区照料综合支持系统，补充照料贫困失能老人的照料需求，可以有效减轻失能老人家庭照料者的负担。进而使得失能老人尽可能留在社区内生活，延缓老化及进入机构的时间，防止照料贫困问题恶化，营造健康、福利、互助的温馨社区（唐咏，2012）。社区照料支持系统是以社区为载体推进照料责任从家庭向社会逐步过渡，在满足失能老人居家照料意愿的同时，培育并整合各类主体参与社区照料服务的供给，构筑起社区照料服务的支持网络。

1. 社区要建立以失能老人为重点目标的照料服务实体机构，并使其成为照料服务供给的重要主体，能够整合各方照料服务资源

当前我国在大力推动建设城乡社区居家养老服务机构，但是从建成的社区养老服务中心来看，能够实际承担照料服务责任，给予失能老人家庭具体帮扶的很少（肖云，2017）。要改变这一现状，必须将社区养老服务中心打造成拥有具体的工作部门、明确的工作职责的实体机构。首先，搭建提供服务的组织框架，明确机构对失能老人的职责范围。社区居家养老服务中心可以组建家庭照顾部门、社区日间照料部门、信息统计部门等；必须有明确的职责，如建立失能老人信息档案，准确了解社区失能老人的照料供给和需求满足状况；评估照料贫困失能老人，制订服务补充计划；定期上门做医疗、康复指导等服务工作。其次，明确经费来源。社区居家养老服务中心的基本经费应该来源于财政拨款和政府购买服务，政策需要明确规定每年投向社区居家养老服务的经费比例以及用于失能老人的具体比例。除此之外，政府还应通

过减免税收等政策鼓励社会各类慈善捐赠，引导社会资金投向社区长期照料服务。最后，采取具体措施支持社区照料服务队伍的稳定发展。明确社区照料服务人员与社区居民的配备比例，明确是购买服务的合同方式抑或是事业编制等；又如按照社区失能老人人口比例配置照料护理人员。如台湾"长期照顾十年计划"中规定照料管理人力配置标准为150名失能个案配备1名照顾管理专员（伍小兰、曲嘉瑶，2010）。同时，提供必备的办公场所和设备，从而将社区照料服务落到实处。在社区居家养老服务中心实现"实体化"，具备服务能力之后，可以作为资源整合的主体，推动社区从简单的救助资源的发放发展到照料支持资源的整合。动员社区内外的人力、物力和财力等各方资源，发展社区支持网络，使社区从资源的中转站转变成为整合服务失能老人资源的"中心"。

2. 以社区照料服务支持系统为载体"填补"家庭照料的不足

前文的分析表明纾解照料贫困的关键在于社区能够提供照料失能老人的服务，"填补"家庭照料的不足，也即在家庭照料不足的情况下，能够通过社区照料服务的及时补充，来满足居家失能老人的照料服务需求。从照料角色介入模型来看，在家庭支持以外，社区照料相比其他诸如老年公寓、养老机构等照料角色，具有照料成本相对较低、不脱离熟悉生活环境、最邻近被照料者等优势（夏传玲，2007）。当社区有责任并且有能力承担起对社区内失能老人长期照料服务供给的规划、组织、管理、监督和资源整合配置的公共责任，并能够和家庭合作，将自己放置在支持家庭照料和"填补"家庭照料不足的位置上，从而以社区为载体构建非营利性基本照料服务子系统时，将可以在很大程度上缓解失能老人的照料贫困问题。基于此，社区居家养老服务中心可以通过照料需求满足常态化调查，识别、筛选出需要社区照料服务支持的处于照料贫困中的失能老人，记录在失能老人档案中，并且由社区居家养老服务中心的家庭照料部门和社区日间照料中心对需要补充照料服务的老人进行分类，以精细化的方式为他们"填补"照料服务缺口。如通过社区日间照料中心，协助家庭为轻度失能的低龄老人提供低成本的群体性照料服务；针对重度和中度失能的中高龄失能老人提供上门照料服务,并根据被照料者经济收入状况和家庭成员的状况,分情况予以照料补助和填补性服务。总之,在社区层面增加照料服务供给,可以通过发展和整合小规模、全覆盖、功能各异的社区照料服务设施来实现。借鉴日本等国家和地区的社区服务体系的发展经验,通过建设大量立足社区、养护结合的"嵌入式"微型照料服务机构,融合养老院、社区日间照料中心等诸多功能,秉持"持续照顾"理念,满足老年人在不同时期和不同失能状态下的需求(彭希哲等,2017)。当然,针对照料贫困的失能老人,要明确社区照料支持机构的辅助和"填补型"的功能定位,而非采取替代和取消家庭照料的形式来纾解照料贫困。

(五)加大对农村社区照料服务政策倾斜力度并且功能定位要因地制宜,促进区域平衡发展

本章基于城乡差异的分析表明我国城镇和农村的居家失能老人在照料贫困方面呈现不同的特征,同时在影响照料贫困发生的影响机制方面也存在显著差异。这对当前事实存在的城乡社会福利分层和城乡人口流动背景下统筹推进城乡养老服务一体化具有重要的启示意义。我国长期的二元经济结构造成农村老人社会经济地位和总体社会福利水平低于城镇老人,而较低的社会经济地位和福利水平进一步导致较高的照料贫困发生率和更高的健康风险。近年来,在中央和地方政府的大力支持下农村的养老服务有了一定的发展,但"发展滞后"和"历史负债"的状况很难通过几次政策调整就能实现城乡均等化发展。因此,必须从政策层面加大对农村的倾斜力度。同时,城镇和农村在长期照料服务发展策略方面不应该"整齐划一"而应该"因地制宜",切实考虑城乡差异。本书的分析结果为重点加强农村社区居家养老服务建设提供了一定的指引和启示。一方面,农村失能老人照料贫困发生率高于城镇,客观要求在推进城乡照料服务一体化发展的同时,政策投入要进一步向农村倾斜;另一方面,城镇和农村失能老人在照料贫困发生率方面的特征差异和照料贫困发生影响机制的差异,

客观要求城乡发展长期照料服务的功能定位和干预政策需要因地制宜。

第一，切实提高农村失能老人的经济保障水平，加大农村社区建设力度。首先，建议实施"农村老人收入倍增计划"，切实提高包括失能老人在内的所有农村老人的养老保险金水平。此外，从特惠性方面来看，进一步提高农村失能老人的失能补贴水平和养老服务补贴水平。只有切实提高农村失能老人的经济收入水平，在应对照料贫困方面才具有更高的可行能力。其次，社区提供照料服务对纾解照料贫困具有积极的作用。为此，一方面，政府要加大对农村和偏远地区社区的资金投入力度和照料服务设施建设投入力度，构建社区非营利性照料服务供给格局；另一方面，农村社区实质上是老人熟悉的村落，可以充分发挥村落的"熟人效应"和凝聚农村"4050"妇女的力量，组织村庄照料服务协会，将留守的妇女和其他力量组织起来，赋予照料服务功能，从而提供社区化的老人照料服务，补充家庭照料的不足。

第二，城乡社区照料服务政策的功能定位要因地制宜。农村失能老人和城镇失能老人照料贫困程度存在一定的结构性差异。农村失能老人完全照料贫困发生率高于城镇。近年来，随着新型城镇化建设的推进，乡城流动人口的规模不断扩大，比重不断提高，尤其是中西部农村地区成为人口迁出率最高及跨省流动人口最多的地区（巫锡炜等，2013）。持续增加的农村青年人口外流，使得大量老人留守农村。尤其是对独居的留守老人而言，当他们的健康状况恶化时，在城市务工谋生的子女很难回归农村长期提供照料服务，从而成为完全照料贫困的高风险人群。此外，农村地区失能老人居住分散，交通不太方便，照料服务市场发展滞后，在获取正式照料服务方面也面临一定困境。与农村不同的是，城镇的代际居住分离多是两代人对独立生活的偏爱，较多城镇子女虽然与父代没有居住在同一个屋檐下，但是多保持"一碗汤的距离"，依然便于进行代际互动和互助。因此，针对农村的照料服务政策，需要加大对完全照料贫困失能老人群体的集中供养力度和针对部分照料贫困失能老人的购买服务力度；就城镇而言，需要重点强化对家庭照料的支持性政策，借助社会政策支持，为家庭照料者提供喘息服务、技能培训等，并在家庭照料服务难以为继时，及时提供转介服务，从而提高城镇部分照料贫困失能老人的照料需求满足率。

（六）建立长期照料服务需求满足程度考核评估机制

考核评估是指引工作导向，确保工作质量的重要抓手。长期照料服务考核评估机制的内容构成同样是确保长期照料服务质量的重要保障。当前，建立居家失能老人长期照料服务需求满足程度考核评估机制十分必要，原因如下。第一，现有考核指标不能综合反映供给效能，进行全面的质量监控。当前，政府对社区居家养老服务发展质量评估时，缺乏综合性的效率监管指标体系，因为以往的考核评估多是从供给端出发，主要基于机构床位数指标、社区养老服务中心覆盖率指标、社区日间照料服务设施和床位指标等硬性指标。对这些硬性设施建设情况进行考核，具有一定的合理性，但是基于床位数的质量监控指标忽略了失能老人最需要的软性服务的供给效能。这些指标更多的是"见物不见人"，即只考虑建设的设施是否覆盖了或者是否有人提供照料服务，但是不能综合体现失能老人在服务获取方面的主体感知，无法深入了解失能老人的照料需求是否得到了完全满足。第二，失能老人的照料需求满足状况具有重要的健康意义。本书的研究证实照料贫困的发生不仅意味着服务的匮乏，更意味着失能老人经历健康负面事件的风险会上升。相比照料需求得到完全满足的失能老人，陷入照料贫困的失能老人往往具有更高的死亡风险和更差的自评健康。照料贫困也是衡量失能老人健康状况的重要有效指标。那么，有必要通过政府层面的考核评估，充分重视失能老人的照料需求满足状况，确保所有失能老人的照料需求都能够得到满足。

综上所述，通常意义上的硬件设施建设指标（主要是指床位数）不能全面综合地评价养老服务体系规划、布局和建设中的成就和局限，本书建议纳入"照料贫困发生率"这一能够综合反映供需结构是否匹配和服务质量的指标。一方面，当前单纯聚焦于床位数增长的考核指标,有其固有的缺陷;另一方面,本书关于失能老人照料贫困健康后果的研究结论为将照料贫困发生率纳入养老服务政策的绩效评估指标,并在这一考核指标指引下,给予服务提供者和服务对象适度有效的财物和服务支持提供了科学依据。其实,考核评估失能老人是否获得了长期照料服务固然重要,但这并不足以构成有效的质量监控。为此,未来的考核评估工作可以在供给端考核指标的基础上,进一步改革深化,从需求满足端出发测量失能老人所获得的服务是否满足了其不断增长和多样化的照料需求。通过将供给端和需求满足端这两个端口有效结合,共同构成社会养老服务体系建设的综合考核评估机制。

(七)建立有效的法律保障机制

发展以居家为基础、以社区为依托的社区居家养老模式成为政府和社会的共识,但当前与之配套的法律制度和专项规划处于缺位状态。近年来,我国颁布了诸多涉老法律和政策规划,诸如《老年人权益保障法》、《社会救助暂行办法》、《社会保险法》以及《社会养老服务体系发展规划》、《老龄事业发展规划》、《民政事业发展规划》、《社会保障发展规划纲要》等(张国平,2015),但是并没有针对失能老人的长期照料服务颁布专项法律和规划。失能老人的长期照料服务政策应该逐渐独立于涉老政策体系而形成完整的政策体系,从而摆脱当前的定位困境。为使政策执行更具权威性,必须加强立法,通过颁布失能老人长期照料服务体系法律制度和专项规划,明确提出长期照料服务建设目标、具体任务、步骤和方式方法等,切实推进失能老人长期服务保障制度的发展。

首先,建立支持家庭与社区照料的相关法律制度。通过法律规定,明确社区支持家庭照料的内容和标准、资金来源和人员构成;明确如何为社区失能老人进行评估、建立失能老人档案以及社区照料服务的质量监督和管理等。只有权威明确的法律规定,才能对居家、社区照料服务进行规范,保证社区为居家失能老人提供的照料服务落到实处。这方面有诸多国家的经验可以借鉴。

如日本颁布的《看护保险法》、澳大利亚颁布的《家庭与社区护理服务发展》和《老年照护法案》等专门法律，以保障失能老人在社区得到较好的照料（肖云，2017）。我国应该在部署发展社区居家养老服务的同时，建立与社区居家养老相关的法律保障制度，确保社区居家养老服务得到稳定持续发展。对此，可以采取单独立法，也可以在某一类立法中设立相关条款。

其次，制定失能老人专项长期照料服务发展规划，增强政策针对性。通过专项规划进行政策细化，根据失能老人的失能程度和照料贫困状况，明晰受益人群和服务内容，并且明确照料服务供给主体、照料资金的筹集、责任分担比例、保障措施以及阶段目标等。有了国家层面的照料服务专项规划，才能制定相关配套政策和具体行动方案，进行重点突破，有效推进失能老人照料服务体系建设。例如，2010年台湾地区由政府层面成立长期照顾制度规划小组，按照"普及与适足的照顾""多元及连续的服务""合理及公平的负担"三大原则制定了"长期照顾十年计划"。该计划提出保障民众获得照料权利、支持家庭照料能力、分担家庭照料责任，对服务对象补助原则及分担比例、服务项目的责任部门及人才发展培育等任务进行了规划，并提出了阶段目标。还有日本在20世纪末推出的《促进老年人健康和福利服务的十年战略规划》（"黄金计划"），主要目标是为促进脆弱的失能老人提供居家照料服务，为照料老人的家庭成员提供帮助（裴晓梅、房莉杰，2010）。为此，我国政府可以借鉴域外经验，尽快制定失能老人专项规划，或者在社会养老服务体系发展规划中，将失能老人长期照料服务内容进行专章规划，一方面，可以体现中央政府层面的重视程度，推动地方政府的探索；另一方面，可以明确发展长期照料服务的目标和步骤。

小　结

本章主要是在前文实证研究结果的基础上，围绕本研究的核心问题和具体的研究结论，运用规范分析的方法，提出构建以纾解失能老人照料贫困为导向的长期照料社会支持体系的政策建议。本章的研究内容主要分为三个部分。

第一部分提出了纾解失能老人照料贫困的理念转变和构建长期照料社会支持体系的基本原则。就理念转变而言,针对失能老人长期照料的政策理念和行动计划导向要从"以获得为基础"转向"以满足为基础",通过理念变革引导社会政策制定。就基本原则而言,要坚持重点突破原则,明确政策的目标定位,为最有照料需求的人提供服务援助;同时要考虑区域差异,在进行政策设计时要考虑城乡之间和东部、中部及西部地区之间的较大差异,因地制宜;此外,坚持基本公共服务均等化调节原则和特别照顾原则,即根据失能老人的可行能力和照料需求满足程度进行基本公共服务供给的调节,并且针对特殊的照料贫困人群,给予照料社会救助支持。健康维护原则启示政策干预所蕴含的健康效用以及对失能老人健康保障的重要作用。同时,构建支持体系需要坚持政府责任优先与社会多元协作相结合的原则,发挥多元支持主体的合力。

第二部分构建了以纾解失能老人照料贫困为导向的长期照料社会支持体系的发展路径和体系框架。本书基于福利多元主义理论设计的社会支持体系主体结构是一个由政府支持、社区支持和家庭支持组成的结构系统。在这个系统运行中,政府的角色是基于顶层设计主导体系构建,社区是政府政策的"中介",是照料服务和外界支持递送的依托,其他社会组织则发挥补充作用,从而形成以政府福利政策和制度为引导,以社区综合支持为主体,以社会组织和失能老人社会关系网络为补充的长期照料社会支持体系。具体路径和基本体系包括:发展针对失能老人的专项社会支持政策和制度体系、发展以社区为基础的长期照料社会支持体系、发展分层分类差异化的长期照料社会支持体系、发展支持家庭照顾者的长期照料社会支持体系。

第三部分基于照料贫困的理论分析和实证研究结果,在基本原则和社会支持体系框架指引下,提出了纾解失能老人照料贫困的具体政策建议。主要包括重视失能老人的照料需求满足状况,识别社区中陷入照料贫困的风险人群；基于不同照料贫困程度构建失能老人长期照料服务支持系统；从"家庭支持"到"支持家庭"，制定提升家庭照料能力的支持性政策；建立社区照料服务支持系统，充分发挥社区照料的"填补"功能；加大对农村社区照料服务政策倾斜力度并且功能定位要因地制宜，促进区域平衡发展；建立长期照料服务需求满足程度考核评估机制；建立有效的法律保障机制。

第八章 研究结论与讨论

本研究从照料需求满足视角切入,以失能老人的照料贫困状况为研究主题,关注与失能老人生活质量密切相关的照料贫困问题。研究基于微观调查数据(截面数据及纵向追踪数据)和宏观统计数据,采用递进式的研究逻辑,首先,从照料贫困的概念和测量出发进行理论总结,构建了照料贫困问题的理论分析框架。其次,利用统计分析方法和生存分析方法考察了失能老人照料贫困问题的现实表征、影响因素、深层致因和健康后果。最后,针对失能老人照料贫困的普遍性,提出了纾解照料贫困、构建长期照料社会支持体系的对策建议。基于上述实证研究,得出的主要结论和延伸性讨论如下。

一 研究的基本结论

(一)照料贫困是影响失能老人生活质量的重要挑战

第一,失能老人的照料贫困问题具有一定的普遍性。一般而言,经济保障和服务保障是维持失能老人生活质量的两大基础,在城乡居民基本养老保险基本全覆盖的背景下,经济贫困基本得到缓解。但是,从服务保障方面来看,研究发现:虽然大部分失能老人获得了照料服务,但是相当一部分失能老人的照料服务仍然仅仅停留在"获得"层面,距离"满足"层面还有一定的差距,甚至部分失能老人没有获得照料服务援助。从照料贫困发生率指标的测度来看,有41.16%的失能老人照料需求得到完全满足,有54.52%的失能老人陷入部分照料贫困,还有4.32%的失能老人陷入完全照料贫困。这在一定程度上表明，当前失能老人的服务保障问题凸显，照料贫困成为影响失能老人生活质量的重要挑战，关注照料贫困问题为新时代应对老龄问题提供了新的思路。本研究中发现的照料贫困的普遍性表明，我们需要努力识别社区中具有照料贫困风险的失能老人，并尝试将他们与现有服务联系起来。

第二，客观认识失能老人规模扩大与服务供给匹配之间的关系，陷入照料贫困的失能老人才应是社会政策干预的重点对象。伴随人口老龄化和高龄化，失能老人规模不断扩大，其长期照料服务问题成为政府和学界关注的议题。但是，由于对失能老人的照料需求满足程度缺乏清晰的认识，可能夸大了需求总量和社会照料服务供给负担。整体来看，并非所有的居家失能老人都需要社会照料服务。研究发现：41.16%的失能老人获得了来自家庭的充足有效的照料服务，其余58.84%陷入照料贫困的失能老人应该是社会政策干预的重点对象，成为社会照料服务聚焦的服务对象。进一步细分发现，照料贫困的失能老人中，54.52%的部分照料贫困的失能老人可能需要外界提供"补充照料服务"；仅有4.32%的完全照料贫困的失能老人应该由外界提供"替代照料服务"，成为政府基本养老服务"兜底"的政策对象。这一结果在一定程度上提醒我们应该客观认识失能老人总量增长与服务需求以及服务供给匹配之间的关系，从而合理提供和布局社会照料资源，解决当前社会养老服务在供需结构上所面临的失衡困境。

（二）失能老人陷入照料贫困的风险存在结构性差异

第一，失能老人的照料贫困发生率和照料贫困程度呈现群体分化。照料贫困在不同性别、年龄、城乡、区域以及居住类型和经济状况的失能老人之间表现出一定的差异性和规律性。就差异性而言，男性失能老人的照料贫困发生率高于女性失能老人；低龄失能老人的照料贫困发生率高于高龄失能老人；农村失能老人的照料贫困发生率高于城镇失能老人；中西部失能老人的照料贫困发生率高于东部失能老人；与国外研究一致，独居失能老人是照料贫困的高发人群；经济状况不好的失能老人的照料贫困发生率高于经济来源充足的失能老人。当然，照料贫困发生率高并不意味着他们健康状况更差，而可能在一定程度上反映他们的照料资源更为匮乏。同时，基于数据描述和理论分析发现照料贫困的发生具有一定的规律性，进而归纳了照料贫困的四种类型，包括市场约束型照料贫困、经济约束型照料贫困、人力约束型照料贫困和价值约束型照料贫困。

另外，本研究区分了那些没有得到充分援助的人群（部分照料贫困人群）和没有人提供有效援助的人群（完全照料贫困人群）的特征之间的差异，进一步拓展了已有的研究结果。完全照料贫困人群具有一定的特殊性，一般是由无人提供有效照料导致的。从人群来看，他们大多是低龄并且属于轻度失能的独居老人。这部分失能老人刚进入功能衰退的轨道，如果他们的照料需求得不到满足，陷入照料贫困，可能会进一步导致独立性的丧失，因此及时向这些高风险人群提供个人服务援助，帮助他们恢复独立的功能具有现实紧迫性。

第二，中西部农村失能老人群体成为照料贫困的高风险人群。中国失能老人照料贫困的发生有着显著的城乡和区域差异，尤其是随着新生代农民工逐渐成为乡城流动人口的主体，年轻人口流动与农村失能老人照料之间面临较大的张力。研究显示：整体来看，中部和西部失能老人发生照料贫困的比例分别比东部高出约12个百分点和10个百分点，尤其是西部失能老人发生完全照料贫困的比例是东部的3.7倍。从农村样本来看，中部和西部农村失能老人发生照料贫困的比例分别比东部高出约20个百分点和26个百分点；而西部失能老人发生完全照料贫困的比例是东部的约10倍。可见，农村失能老人尤其是中西部的农村失能老人是照料贫困的高风险人群。这就为优化社区居家养老服务供给的空间结构提供了基础信息，那么现阶段政府在推进社区居家养老服务时，应该重点围绕农村尤其是中西部农村失能老人进行精准覆盖和"有的放矢"。

（三）非正式家庭支持和正式社会支持因素是影响照料贫困发生的重要因素

第一，就人口学特征和健康特征而言，除了婚姻状况外，性别、年龄、城乡、区域、失能程度和失能持续期对照料贫困具有显著影响。男性失能老人发生照料贫困的可能性大于女性失能老人。低龄失能老人发生照料贫困的可能性大于高龄失能老人。照料贫困的发生具有"城乡分化效应"和"区域分化效应"，农村失能老人发生照料贫困的可能性高于城镇失能老人，中西部失能老人发生照料贫困的可能性高于东部失能老人。失能程度和失能持续期是影响照料贫困的关键变量，失能程度越高，发生照料贫困的可能性越大。失能持续期越长，发生照料贫困的可能性越小。

第二，家庭资源禀赋特征和代际支持特征是照料贫困状况的重要预测因素。由于居家失能老人的主要照料资源来自家庭，所以家庭资源禀赋和代际支持状况对其是否陷入照料贫困具有显著影响。首先，从家庭资源禀赋方面来看。家庭收入水平越高，失能老人陷入照料贫困的可能性越小。失能老人家庭地位（经济资源决策权）越高，陷入照料贫困的可能性越小。随着子女数量增多，失能老人发生照料贫困的可能性不断降低。居住安排对照料贫困具有显著影响，独居的失能老人相比与他人同住的失能老人更可能陷入照料贫困。其次，从代际支持方面来看。失能老人对子代的向下的经济援助显著降低了发生照料贫困的可能性。从代际互惠角度而言，这一方面反映代际关系和谐，另一方面可以弥补子女因照料产生的收入损失。而子代给予父代的向上的经济支持提高了失能老人发生照料贫困的可能性。就养老分工角度而言，可能是子女因不能亲自提供照料支持，会倾向于进行经济补偿。经济补偿水平越高，老人获得的照料可能越少。家庭成员的照料强度越大、照料花费越多，失能老人陷入照料贫困的可能性越小。此外，主要照料者的意愿对照料贫困具有重要影响，主要照料者的照料态度越消极，失能老人发生照料贫困的可能性越大。可见，通过政策介入对子女等家庭成员提供社会支持，提升家庭照料能力，在减少照料贫困的发生方面具有重要的作用。

第三，社会养老保险和社区生活照料服务是满足失能老人照料需求的"双重保险"。研究表明，拥有社会养老保险的失能老人陷入照料贫困的可能性较小，可见制度化的经济保障对失能老人获得充足的服务保障具有重要作用。社区是否提供日常生活照料服务对失能老人照料贫困状况具有显著影响，失能老人所在社区提供日常生活照料服务的，发生照料贫困的可能性较小。这表明，社区提供基本生活照料服务，一方面，拓宽了照料服务的供给来源，在家庭照料不足时可以提供补充或替代；另一方面，社区照料服务在一定程度上可以减轻家庭照料者的现实负担和精神压力，从而有助于获得更高质量的服务。

第四，失能老人照料贫困发生的影响机制呈现明显的城乡差异。从共性方面来看，年龄、失能程度、家庭地位、生活来源、父代给予子代的向下的经济流动以及社区日常生活照料服务都对城乡失能老人的照料贫困状况产生了影响，并且影响方向是一致的。从差异性方面来看，区域特征显著影响农村失能老人的照料贫困状况，但对城市失能老人没有影响，可能因为城镇失能老人具有一定的同质性，中西部城镇失能老人在获取照料资源方面相比东部城镇失能老人并没有明显的弱势。家庭收入对农村失能老人照料贫困状况具有显著影响，而对城镇失能老人则没有显著影响。子女数量对农村失能老人照料贫困状况没有显著影响，而对城镇失能老人具有显著影响。就子代对父代的向上的经济流动而言，对城乡失能老人照料贫困状况都有显著影响，但是影响方向相反。子代给予父代经济支持显著降低了农村失能老人陷入照料贫困的概率，但却显著提升了城市失能老人陷入照料贫困的概率。而社会养老保险对农村失能老人照料贫困状况没有显著影响，对城镇失能老人的照料贫困状况具有显著影响。

（四）多元支持主体功能发挥不足是照料贫困发生的深层致因

第一，国家层面针对失能老人长期照料服务的社会政策支持不足。主要表现为缺乏针对失能老人长期照料服务的专项政策法规，失能老人的帮扶政策多是从属性的，散落于各项养老立法及政策之中。同时，没有将长期照护服务内容细化，进而有效落实在失能老人、照护社区和照料机构等各服务环节之中，在一定程度上制约了我国长期照料服务体系的进一步发展。此外，面向失能老人非正式照料者的社会支持政策不足，健全家庭养老支持政策的规定尚未落地。

第二，市场层面存在社会养老服务总体供给不足而又相对过剩的结构性失衡。养老服务市场是失能老人获取长期照料服务的重要途径。但从供需方面来看，针对失能老人的社区照料服务的整体供给小于总需求，存在明显的供需失衡现象。有效供给的不足，制约了失能老人通过市场途径获取充足的长期照料服务。然而，从利用方面来看，虽然供给量小于需求量，但是，实际利用社区养老服务的水平又比较低，造成社区养老服务供给相对过剩。有效利用的不足，进而又限制了社区养老服务项目供给水平的提高。同时，很多养老机构不愿意接收自理能力差的失能老人，导致具有机构养老需求的失能老人的长期照料需求不能通过机构得到满足。当前，社会养老服务市场存在服务供给水平小于服务需求水平形成的总体供给不足与供给规模大于有效利用形成的供给相对过剩之间的矛盾，成为失能老人陷入照料贫困的主要诱因之一。

第三，社区层面缺乏开展失能老人长期照料服务的必要条件。在"去机构化"和"就地老化"理念的影响下，充分依托社区服务支持，提升家庭养老功能和能力成为共识。但是，由于当前政府和市场将大量资源投入养老机构建设中，对于社区居家养老则重视不够，投入不足。社区缺乏提供长期照料服务的人力、财力和物力资源。首先，大多数社区缺乏从事社区照顾的专业人员。其次，社区缺乏提供照料服务的多元筹资渠道。最后，多数社区缺乏提供长期照料服务的机构和场所；此外，社区还缺乏整合各方资源的权限和能力。

第四，家庭非正式支持式微，难以提供充足有效的服务。首先，家庭结构变迁与居住方式转变在一定程度上削弱了传统家庭照料服务的代际支持基础。其次,失能老人自身的经济保障水平不高,针对失能老人的补贴层次不同、标准不高,但由于失能的特殊性,照料成本较高,一般家庭难以承担长期、持续的照料支出。

(五) 照料贫困是衡量失能老人健康的重要指标,对其健康后果具有负向影响

第一,照料贫困是衡量失能老人健康状况的重要指标。国外研究已经证实照料需求未满足也即陷入照料贫困是衡量老人健康状况的有效指标,是不良健康后果的前兆。但是,截至目前,国内鲜有研究考察失能老人晚年的照料贫困对健康的影响。本章利用中国的三期追踪调查数据,将死亡风险和自评健康作为中国失能老人长期照料贫困的健康后果进行了研究。通过实证分析,验证了照料贫困与失能老人健康后果的关系。研究发现,不论是从总体失能老人来看,还是从分性别、分城乡、分年龄、分居住状况的不同特征失能老人来看,陷入照料贫困的失能老人比照料需求完全满足的失能老人具有更高的死亡风险和更差的自评健康状况。可见,把照料贫困作为衡量失能老人健康状况的指标同样适用于中国。

第二,照料贫困导致失能老人具有更高的死亡风险和更差的自评健康状况。基于三期的纵向追踪数据,利用生存分析方法和多元回归分析方法研究发现:一方面,照料贫困对失能老人的死亡风险具有显著的负向影响,在控制其他变量的条件下,照料贫困的失能老人的死亡风险比照料需求完全满足的失能老人高出约 7.78 个百分点;另一方面,失能老人整体自评健康状况较差,而陷入照料贫困的失能老人自评健康状况更差。回归结果显示,照料贫困对失能老人自评健康状况具有显著的负向影响,照料贫困的失能老人自评为不健康的可能性是照料需求完全满足的失能老人的 2.365 倍。

第三,从各变量来看,婚姻状况、失能程度、经济状况、社会参与等变量显著影响失能老人的健康后果。配偶支持对失能老人的生存时间和自评健康都产生显著的正向影响。失能程度更高的失能老人往往面临更高的死亡风险和更差的自评健康状况。经济状况更

好的失能老人具有更低的死亡风险和更好的自评健康状况。社会参与显著降低了失能老人的死亡风险，并对自评健康具有正向的影响。

（六）构建长期照料社会支持政策体系是纾解照料贫困的有效选择

基于失能老人照料贫困问题的分析，确定了最有长期照料服务需求的人群，明确了长期照料服务的"目标定位"。本书认为当前我国社区居家养老服务建设的总体方向应是主要针对照料贫困的失能老人构建长期照料社会支持政策体系，帮助家庭照料者提高照料质量和服务强度，有效补充家庭照料功能，提高居家失能老人照料需求满足率，纾解照料贫困，而非过于强调从量上去替代家庭照料。构建一个由政府支持、群体支持和个体支持组成的支持性结构系统。首先要将长期照料的政策理念和行动计划导向从"以获得为基础"转向"以满足为基础"，在构建过程中坚持重点突破原则、区域差异原则、基本公共服务均等化调节原则、特别照顾原则、健康维护原则和政府责任优先与社会多元协作相结合原则。具体的纾解照料贫困的政策建议包括：第一，重视失能老人的照料需求满足状况，识别社区中陷入照料贫困的风险人群；第二，基于不同照料贫困程度构建失能老人长期照料服务支持系统；第三，从"家庭支持"到"支持家庭"，制定提升家庭照料能力的支持性政策；第四，建立社区照料服务支持系统，充分发挥社区照料的"填补"功能；第五，加大对农村社区照料服务政策倾斜力度并且功能定位要因地制宜，促进区域平衡发展；第六，建立长期照料服务需求满足程度考核评估机制；第七，建立有效的法律保障机制。

二 延伸性讨论

（一）基于"需求—满足"的照料贫困评估逻辑需要我们正确认识失能老人对自身照料需求满足状况的主观评价

理论上说，"需求—满足"的逻辑链是不可分割的，因为"满足"总是相对于"需求"而言的。而评估失能老人的长期照料需求满足状况、是否陷入照料贫困一般可以从三种路径出发。一是第三方机构根据失能老人的自身状况进行专业临床评估,精确测量出个体的服务需求量,外界根据评估的需求量提供相对应的服务等级。如果需求量和供给量得到有效的匹配,需求就得到了完全满足;如果提供的服务等级小于需求量,则会陷入照料贫困。二是公共卫生专业人员的评价。三是根据失能老人个体功能依赖性需求是否满足的主观评价进行判断。失能老人个体作为外界服务援助的需求方和接受者,其对功能依赖是否得到满足的评价具有很大的参考价值。已有研究表明,失能老人的"自我报告"和"专业评估"具有很大程度的一致性(Williams et al.,1997;Albert et al.,2004)。也就是说,基于"需求—满足"的照料贫困评估逻辑能够很好地了解失能老人的照料需求满足状况,从而评估其是否需要社会提供补充性的服务支持。

但是,我们要认识到失能老人的长期照料需求本身既是一个客观性的需求,同时又是一个主观性较强的评价。从客观性方面来看,失能老人的长期照料需求随着年龄的增长和失能程度的提高呈现逐渐增加的态势,是普遍性的客观规律;而从主观性方面来看,失能老人的长期照料需求同个体对照料服务的认识、照料服务的可及性以及照料需求满足状况的综合评价密切相关。同时,评估失能老人照料贫困状况,理解照料需求满足程度,还需要基于需求层次理论从照料需求的层次性来分析。从多维和动态的视角来看,失能老人的照料需求是有层次和等级的。马斯洛认为人类的需求构成了一个层次体系,即任何一种需求的出现都是以较低层次的需求的满足为前提的。同时,他区分了匮乏性动机和成长性动机。匮乏性动机是指机体的匮乏性需要,这些匮乏性需要如生理需要、安全需要、归属与爱的需要以及尊重的需要,好比为了健康的缘故必须填充起来的空洞,而且必定需要他人从外部填充(马斯洛,2003)。

那么,从失能老人照料需求的普遍性程度来看,日常生活照料和疾病照料需求属于基本性的需求,而心理慰藉需求和康复需求则属于更高层次的照料需求。而就满足的顺序而言，失能老人通常会优先评价自己的日常生活照料需求和疾病照料需求是否得到满足，其次才会评价心理慰藉和功能康复方面的需求。故而，失能老人对长期照料需求满足程度的主观评价也同其对不同层次的照料需求满足状况直接相关。因为有些失能老人在获得外界充足的基本生活照料需求之后就感到满足，而也有些失能老人对更高层次的照料需求充满期待，他们在大部分照料需求得到满足之后，依然会报告照料需求没有得到满足。当然，就本研究而言，主要考察的是失能老人的基本生活照料需求满足状况，即考察的是最低层次的基本需求。尽管如此，需求层次问题仍是我们在以后的研究中不能忽视的客观存在。

（二）基于照料贫困所引致的更高健康风险为我们进一步认识老人健康问题提供了新的视角

伴随中国人口老龄化、高龄化的快速推进，健康长寿问题受到全社会的日益关注。因为大部分老年人通常会与疾病相伴走向生命的终点，在生命的后期他们的生活自理能力会有不同程度的丧失。那么，寿命的增加是否意味着人们整体健康状况改善呢？为此，长寿和健康进入人们的视野，并将预期寿命和健康相结合提出了健康预期寿命的概念，据此来考察老年人在余寿中所需照料的平均时间长度。当前的研究表明，国外健康预期寿命变化呈现三种模式：一是老年残障期压缩模式，即随着寿命延长，功能完好的时间在不断增加，占生命长度的比重也在增加；二是老年残障期扩张模式，即医疗介入以及提前预防会延长功能障碍老年人的非健康寿命，使得功能障碍寿命在余寿中的比例扩大；三是动态均衡模式，即预期寿命和健康预期寿命的延长是平行发展的（邬沧萍、姜向群，2006）。对于我国老年人口预期寿命的变化符合何种模式当前学界尚无定论。当然，我国属于何种模式并非本书关注的问题，本部分只是探讨如何提高老年健康水平，通过纾解照料贫困达到"疾病压缩"的效果，从而给分析老年人健康长寿问题提供一点新的启示。

理论上，老年人口的健康水平受到多种因素的制约。除通常意义上的医学认识以外，美国在多年以前对健康的认识进入了"后医学时代"。后医学时代的主要特点是残障和疾病因素以社会环境因素为主，"社会－心理－生物医学模式"成为分析老年健康影响因素的重要理论框架（陶裕春，2013）。这一研究倡导依靠非卫生部门的努力，发挥非卫生部门的积极性和鼓励群体参与来进一步提升健康水平。例如，有研究表明对关节炎患者和帕金森综合征病人进行积极的健康知识干预，能够增强他们的预防意识，从而降低慢性病的发病率。实际上，老年残障是一个高度动态演化的过程，是随时间不断累积的结果（曾毅，2010）。因此，在日常生活中可以通过对某些因素实施干预从而降低或推迟老年期残障的发生。

当前，学术界多从老年人口的自然属性、社会经济结构特征、生活习惯、患病或损伤状况、心理状况等方面考察失能老人的健康状况（姜向群等，2015），而忽视了照料需求能否得到满足本身对健康的重大影响。基于追踪数据考察得到的照料贫困失能老人更可能遭遇健康方面的风险，为我们认识老年健康问题提供了新的思路和视角。其实，长期照料服务的一个重要潜在目标应该是尽可能地预防以及延缓疾病与失能，并维持失能人口的健康、独立与行动能力。当前，应该通过长期照料社会支持体系，提升居家失能老人获取充足照料服务的可行能力，满足其因功能丧失所需的各项需求，从而防止陷入照料不足所引发的进一步的功能损害和自理能力下降，尽可能地实现"疾病压缩"，把健康损害的压力降到最低点。

三 研究的创新性与局限性

（一）可能的创新

本研究可能的创新之处主要表现在以下几个方面。

第一，从研究视角方面来看。本研究从需求满足视角出发，引入照料贫困概念，对我国居家失能老人的长期照料服务需求满足状况进行了系统研究，拓展了该领域的研究视角。现有研究多从需求视角或者供给视角出发，考察失能老人长期照料服务的需求内容、需求规模、服务供给以及影响因素等，而涉及长期照料需求满足状况的研究则主要停留在失能老人长期照料需求供需矛盾突出，照料需求得不到满足的基本判断上。忽视了从失能老人主位出发去考察长期照料服务链条上需求满足状况这一核心环节，鲜有从照料贫困的视角针对失能老人照料需求满足状况进行的系统研究。本书提出照料贫困是老人经济贫困之外新的服务贫困，考察在当前社会养老服务体系之下，失能老人的照料需求满足状况究竟如何，识别照料贫困人群，推进失能老人长期照料的政策理念和行动计划导向从"以获得为基础"转向"以满足为基础"，可以为新时代下，明确社区居家养老服务政策的"目标定位"，从而为最有照料需求的老人提供服务，为有效实现供给侧结构性改革提供新的思路和有益的启示。

　　第二，从研究内容方面来看。其一，本书引入照料贫困概念分析失能老人的照料需求满足问题，构造了照料贫困的概念体系和理论分析框架，相比已有国内研究单纯引入照料贫困这一概念，进一步丰富了照料贫困的概念体系和理论内涵。其二，国外针对照料贫困的研究往往将人口学、老年学和流行病学等学科结合起来，从健康的角度，考察照料贫困所带来的健康风险。国内由于对长期照料需求满足状况的研究比较薄弱，尚缺少将人口学（老年学）和流行病学等健康学科交叉，利用专业的人口学分析方法考察失能老人照料贫困对健康后果的影响研究。本书不仅考察了照料贫困的现实表征和影响机制，更进一步利用三期纵向追踪调查数据，利用生存分析方法和离散面板回归分析方法深入考察了照料贫困对失能老人死亡风险和自评健康的影响方向和程度。目前国内鲜有学者开展这项工作，这不仅进一步推进了老年照料研究内容的广度和深度，同时基于中国数据的研究也和国外同类研究有了比较和对话。

（二）研究的局限与反思

失能老人长期照料服务是老年社会保障制度的重要组成部分，它关乎每位老人在出现功能障碍之后的晚年生活质量和生命尊严。探讨失能老人长期照料服务问题以及如何建构、优化长期照料服务保障体系，从而确保所有失能老人的照料服务需求都能得到满足，避免陷入照料贫困，是理论界和全社会都应该关注和实践的命题。不同学者基于多元的角度对失能老人长期照料问题进行了深入研究，但从失能老人主位出发考察他们的照料贫困问题，同样是长期照料服务体系构建初期一个非常重要的研究视角。本研究正是从该研究视角出发，沿着"理论分析—问题表征—形成机制—导致后果—政策回应"这一逻辑链条，对我国失能老人的照料需求满足问题进行了系统研究，在深入研究的基础上得出一些自己的结论和思考。然而，由于自身研究能力的局限、研究资料的限制以及研究方法的局限，不可避免地使研究过程和结论具有一定的局限性。本研究的不足和局限如下。

首先，在失能老人照料贫困影响因素的分析中，一方面，由于数据限制仅将社区层面的社区照料服务作为正式社会支持因素纳入模型。其实，鉴于我国社会保障制度、医疗保健资源和社会照料服务资源的区域差异，应该将更高层次的地区层面的因素考虑进去。例如，地区缺乏长期照料资源可能会增加照料贫困的风险。如果一个地区的老年抚养比很高，那么该地区的照料资源可能会比较紧缺，从而导致更多的照料贫困的发生等。同时，社区失能老人的比例、地方政府在长期照料服务方面的预算投入和家庭照料服务工作者的数量都应该纳入未来的研究中去。另一方面，由于数据限制，缺乏有关照料者信息的数据，如主要照料者的特征（如年龄和受教育程度）。针对高龄失能老人，照料者的年龄对照料贫困的影响较大，因为他们的照料者可能也已经很老了。而受教育程度低的照料者由于缺乏知识和技能，更可能具有较低的照料质量。未来的研究尤其是在关注城乡差异时，应该将照料者变量作为与照料贫困相关的因素纳入分析模型。

其次，由于数据限制，我们无法有效捕捉在追踪间隔期间失能老人失能程度的变化和照料需求满足程度的变化，有研究表明残障转变在晚年生活中是频繁的，并且很可能会影响短期或者长期的照料需求。虽然目前基于三期跨度达到 6 年的追踪数据证明了照料贫困与失能老人死亡风险和自评健康之间的关联，但是我们应谨慎地看待这一因果推断，同时期待更多针对失能老人晚年健康衰退过程的研究。

最后，本书基于较为创新的照料贫困概念，尝试运用新的概念体系，构造照料贫困理论分析框架来分析失能老人照料需求满足问题。但是受制于个人的研究能力和所能收集到的资料范围，可能在对概念的解释和应用方面存在有待商榷之处。笔者日后将会围绕照料贫困涉及的细节问题进行更加深入的研究。

参考文献

阿马蒂亚·森，2004，《贫困与饥荒》，王宇、王文玉译，商务印书馆。

阿马蒂亚·森，2013，《以自由看待发展》，任赜、于真译，中国人民大学出版社。

边恕、黎蔺娴、孙雅娜，2016，《社会养老服务供需失衡问题分析与改进》，《社会保障研究》第3期。

曹杨，2017a，《城乡居家老人的未满足照料需求分析》，《调研世界》第11期。

曹杨，2017b，《失能老年人的照料需求：未满足程度及其差异》，《兰州学刊》第11期。

陈成文、潘泽泉，2000，《论社会支持的社会学意义》，《湖南师范大学社会科学学报》第6期。

陈璐等，2016，《家庭老年照料对女性劳动就业的影响研究》，《经济研究》第3期。

陈璐、范红丽，2014，《我国失能老人长期护理保障融资制度研究——基于个人态度的视角》，《保险研究》第4期。

陈强，2014，《高级计量经济学及stata应用》，高等教育出版社。

陈翔，2012，《城市老年人长期照护需求评估研究——以北京市安慧里社区为例》，硕士学位论文，中央民族大学。

陈欣欣、董晓媛，2011，《社会经济地位、性别与中国老年人的家庭照料》，《世界经济》第6期。

陈雪萍，2011，《以社区为基础的老年人长期照护体系构建——基于杭州市的实证分析》，浙江大学出版社。

陈友华、徐愫，2011，《中国老年人口的健康状况、福利需求与前景》，《人口学刊》第2期。

崔恒展、张军，2016，《供需视角下的养老服务业发展研究》，《济南大学学报》（社会科学版）第5期。

崔树义、杨素雯、田杨，2020，《供需视角下社区居家养老服务提质增效研究——基于山东省1200名老年人的调查》，《山东社会科学》第9期。

戴卫东、顾梦洁，2018，《OECD国家长期护理津贴制度研究》，北京大学出版社。

丁建定，2009，《社会福利思想》，华中科技大学出版社。

丁一，2014，《我国失能老人长期照护模式构建研究》，博士学位论文，首都经济贸易大学。

丁英顺，2018，《日本人口老龄化问题研究》，社会科学文献出版社。

丁志宏，2011，《我国高龄老人照料资源分布及照料满足感研究》，《人口研究》第5期。

杜鹏等，2016，《中国老年人的养老需求及家庭和社会养老资源现状——基于2014年中国老年社会追踪调查的分析》，《人口研究》第6期。

杜鹏、王红丽，2014，《老年人日常照料角色介入的差序格局研究》，《人口与发展》第5期。

费孝通，2017，《乡土中国 生育制度 乡土重建》，商务印书馆。

弗朗西斯·凯斯勒、于秀丽，2019，《论法国失能老人的社会保障》，《社会保障评论》第4期。

高翔、王三秀，2017，《农村老年多维贫困的精准测量与影响因素分析》，《宏观质量研究》第2期。

顾大男、柳玉芝，2008，《老年人照料需要与照料费用最新研究述评》，《西北人口》第1期。

郭林，2019，《中国养老服务70年（1949-2019）：演变脉络、政策评估、未来思路》，《社会保障评论》第3期。

郭小聪、代凯，2013，《国内近五年基本公共服务均等化研究：综述与评估》，《中国人民大学学报》第1期。

韩央迪，2012，《从福利多元主义到福利治理：福利改革的路径演化》，《国外社会科学》第2期。

郝涛、徐宏，2016，《"互联网+"时代背景下老年残疾人养老服务社会支持体系研究》，《山东社会科学》第4期。

何文炯，2015，《老年照护服务：扩大资源并优化配置》，《学海》第1期。

和红，2017，《社会长期照护保险制度研究：范式嵌入、理念转型与福利提供》，经济日报出版社。

贺寨平，2001，《国外社会支持网研究综述》，《国外社会科学》第1期。

胡宏伟等，2017，《老年整合照料理论与实践：西方经验与政策启示》，《西北大学学报》（哲学社会科学版）第4期。

胡宏伟、李延宇、张澜，2015，《中国老年长期护理服务需求评估与预测》，《中国人口科学》第3期。

胡湛，2018，《传统与超越：中国当代家庭变迁与家庭政策》，社会科学文献出版社。

黄枫、吴纯杰，2012，《基于转移概率模型的老年人长期护理需求预测分析》，《经济研究》第2期。

黄俊辉、李放、赵光，2015，《农村社会养老服务需求意愿及影响因素分析：江苏的数据》，《中国农业大学学报》（社会科学版）第2期。

黄匡时，2013，《供求关系视角下的中国老年照料服务资源分析》，《中国·人口资源与环境》第11期。

黄匡时，2014，《中国高龄老人日常生活照料需求满足状况及影响因素研究》，《中国·人口资源与环境》第11期。

姜向群、刘妮娜，2014，《老年人长期照料模式选择的影响因素研究》，《人口学刊》第1期。

姜向群、魏蒙、张文娟，2015，《中国老年人口的健康状况及影响因素研究》，《人口学刊》第2期。

蒋谨慎，2017，《论阿玛蒂亚·森对贫困理论的变革》，《社会科学家》第5期。

焦开山，2010，《丧偶对中国老年人死亡风险的影响——年龄组差异及其健康因素的作用》，《人口学刊》第6期。

景天魁, 2015,《创建和发展社区综合养老服务体系》,《苏州大学学报》(哲学社会科学版)第1期。

景跃军、李元, 2014,《中国失能老年人构成及长期护理需求分析》,《人口学刊》第2期。

肯·宾默尔, 2003,《博弈论与社会契约》, 王小卫、钱勇译, 上海财经大学出版社。

雷克斯福特·E. 桑特勒, 2005,《卫生经济学:理论案例和产业研究》, 程晓明等译, 北京大学医学出版社。

李春华、吴望春, 2017,《代际互动对老年人死亡风险的影响》,《人口学刊》第3期。

李杰, 2017,《中国老年人长期照护筹资制度研究》, 中国社会科学出版社。

李俊, 2018,《支持非正式照料者:发达国家老年福利制度新动向及其对中国的启示》,《学海》第4期。

李强, 1998,《社会支持与个体心理健康》,《天津社会科学》第1期。

蔺娟、孙雅娜, 2016,《社会养老服务供需失衡问题分析与改进》,《社会保障研究》第3期。

刘柏惠等, 2012,《老年人社会照料和医疗服务使用的不均等性分析》,《中国人口科学》第3期。

刘柏惠、寇恩惠, 2015,《社会化养老趋势下社会照料与家庭照料的关系》,《人口与经济》第1期。

刘红云、孟庆茂, 2003,《纵向数据分析方法》,《心理科学进展》第5期。

刘慧君、蔡艳芝、李树茁, 2013,《农村老人生存质量与死亡风险中的家庭支持机制》,《西安交通大学学报》(社会科学版)第3期。

刘晓雪, 2015,《我国城市老年照护社会救助研究》, 博士学位论文, 华东师范大学。

陆杰华、沙迪, 2018,《老龄化背景下失能老人照护政策的探索实践与改革方略》,《中国特色社会主义研究》第2期。

罗尔斯, 2001,《正义论》, 何怀荣译, 中国社会科学出版社。

罗小华，2014，《我国城市失能老人长期照护问题研究》，博士学位论文，西南财经大学。

马斯洛，2003，《马斯洛人本哲学》，成明译，九州出版社。

孟娣娟、徐桂华、田然等，2017，《社区老人长期照护需求满足现状及影响因素》，《中国老年学杂志》第16期。

尼尔·吉尔伯特，2004，《社会福利的目标定位（全球发展趋势与展望）》，郑秉文等译，中国劳动社会保障出版社。

潘金洪，2010，《中国老年人口失能率及失能规模分析——基于第六次全国人口普查数据》，《南京人口管理干部学院学报》第4期。

潘屹，2015，《社区综合养老服务体系建设：挑战、问题与对策》，《探索》第4期。

裴晓梅、房莉杰，2010，《老年长期照护导论》，社会科学文献出版社。

彭华民，2009，《西方社会福利理论前沿：论国家、社会、体制与政策》，中国社会出版社。

彭荣，2012，《我国高龄老人长期护理需求满足度及其影响因素》，《中国老年学杂志》第14期。

彭希哲、宋靓珺、黄剑焜，2017，《中国失能老人长期照护服务使用的影响因素分析》，《人口研究》第4期。

钱俊、周业明、陈平雁，2009，《Cox比例风险假定的线性相关检验及应用》，《中国卫生统计》第3期。

沙莎、周蕾，2017，《城乡失能老人照料成本研究——基于多状态生命表方法》，《人口与发展》第4期。

石人炳，2008，《美国远距离老年照料及其借鉴意义》，《人口研究》第4期。

石人炳，2012，《我国农村老年照料问题及对策建议——兼论老年照料的类型》，《人口学刊》第1期。

石人炳、宋涛，2013，《应对农村老年照料危机——从"家庭支持"到"支持家庭"》，《湖北大学学报》（哲学社会科学版）第4期。

宋宝安，2016，《农村失能老人生活样态与养老服务选择意愿研究——基于东北农村的调查》,《兰州学刊》第 2 期。

苏群、彭斌霞、陈杰,2015,《我国失能老人长期照料现状及影响因素——基于城乡差异的视角》,《人口与经济》第 4 期。

苏珊·特斯特,2002,《老年人社区照护的跨国比较》,周向红、张小明译,中国社会出版社。

孙建娥、王慧,2013,《城市失能老人长期照护服务问题研究——以长沙市为例》,《湖南师范大学社会科学学报》第 6 期。

孙鹃娟,2018,《城镇化、农村家庭变迁与养老》,知识产权出版社。

孙鹃娟、冀云,2017,《中国老年人的照料需求评估及照料服务供给探讨》,《河北大学学报》(哲学社会科学版)第 5 期。

孙祺宇,2017,《可持续发展视阈下老年人长期照护保障研究》,博士学位论文,吉林大学。

谭诗斌,2012,《现代贫困学导论》,湖北人民出版社。

唐钧,2015,《中国老年服务的现状、问题和发展前景》,《国家行政学院学报》第 3 期。

唐敏、周淼,2016,《基于我国失能老人生存状况分析的养老照护体系框架研究》,《西安交通大学学报》(社会科学版)第 2 期。

唐咏,2012,《去碎片化:中国老年长期照护政策的整体化路径》,《深圳大学学报》(人文社会科学版)第 5 期。

陶裕春,2013,《失能老人长期照护问题研究》,江西人民出版社。

田中滋、栀本一三郎,2017,《介护的创新——日本介护服务业的形成、整合与发展》,张清华译,中国劳动社会保障出版社。

童星、林闽钢,1994,《我国农村贫困标准线研究》,《中国社会科学》第 3 期。

王飞鹏、白卫国,2017,《农村基本养老服务可及性研究——基于山东省 17 个地级市的农村调研数据》,《人口与经济》第 4 期。

王济川、郭志刚,2001,《Logistic 回归模型——方法与应用》,高等教育出版社。

王家宝,2003,《吸烟史与高龄老年人死亡分析初步》,《市场与人口分析》第 2 期。

王金营、李天然,2020,《中国老年失能年龄模式及未来失能人口预测》,《人口学刊》第 5 期。

王乐芝、曾水英,2015,《关于失能老人状况与老年长期护理保险的研究综述》,《人口学刊》第 4 期。

王树新,2004,《社会变革与代际关系研究》,首都经济贸易大学出版社。

王伟进、陆杰华,2015,《异质性、家庭支持与中国高龄老人的死亡率:虚弱度模型的应用》,《人口学刊》第 1 期。

王裔艳,2016,《澳大利亚、加拿大和英国居家服务比较研究》,《人口与发展》第 5 期。

王跃生,2013,《中国城乡家庭结构变动分析——基于 2010 年人口普查数据》,《中国社会科学》第 12 期。

邬沧萍,2001,《长期照料护理是老龄产业重中之重》,《人口研究》第 2 期。

邬沧萍、姜向群,2006,《老年学概论》,中国人民大学出版社。

巫锡炜、郭静、段成荣,2013,《地区发展、经济机会、收入回报与省际人口流动》,《南方人口》第 6 期。

伍小兰、曲嘉瑶,2010,《台湾老年人的长期照护》,中国社会出版社。

夏传玲,2007,《老年人日常照料的角色介入模型》,《社会》第 3 期。

肖云,2017,《中国失能老人长期照护服务问题研究》,中国社会科学出版社。

行红芳,2006,《老年人的社会支持系统与需求满足》,《中州学刊》第 3 期。

徐宏,2017,《老龄化背景下我国残疾人养老服务社会支持体系研究》,经济科学出版社。

鄢盛明等,2001,《居住安排对子女赡养行为的影响》,《中国社会科学》第 1 期。

杨福等,2015,《不同长期照料服务供给下的失能老人长期照料模式选择》,《卫生软科学》第 2 期。

杨菊华,2010,《人口转变与老年贫困》,中国人民大学出版社。

杨立雄，2013，《老年福利制度研究》，人民出版社。

杨团，2016，《农村失能老人照料贫困问题的解决路径——以山西永济蒲韩乡村社区为例》，《学习与实践》第4期。

杨伟民，2008，《论个人福利与国家和社会的责任》，《社会学研究》第1期。

姚远，2001，《中国家庭养老研究》，中国人口出版社。

姚远，2003，《非正式支持理论与研究综述》，《中国人口科学》第1期。

尹尚菁、杜鹏，2012，《老年人长期照护需求现状及趋势研究》，《人口学刊》第2期。

俞卫、刘柏惠，2012，《我国老年照料服务体系构建及需求量预测——以上海市为例》，《人口学刊》第4期。

曾毅，2010，《老年人口家庭、健康与照料需求成本研究》，科学出版社。

曾毅、陈华帅、王正联，2012，《21世纪上半叶老年家庭照料需求成本变动趋势分析》，《经济研究》第10期。

张国平，2014，《农村老年人居家养老服务的需求及其影响因素分析——基于江苏省的社会调查》，《人口与发展》第2期。

张国平，2015，《农村老年人居家养老服务体系研究》，中国社会科学出版社。

张浩、李建新，2018，《老年人的低体重指数与其死亡风险的关系》，《人口与经济》第3期。

张金锋，2012，《老年残疾人社会保障研究》，上海世界图书出版公司。

张凯悌、罗晓晖，2010，《新加坡养老》，中国社会出版社。

张利洁，2006，《东乡族贫困与反贫困问题研究》，博士学位论文，兰州大学。

张思峰、唐敏、周淼，2016，《基于我国失能老人生存状况分析的养老照护体系框架研究》，《西安交通大学学报》第2期。

张文娟、李树茁，2005，《子女的代际支持行为对农村老年人生活满意度的影响研究》，《人口研究》第5期。

张盈华，2015，《老年长期照护：制度选择与国家比较》，经济管理出版社。

郑丹丹、狄金华，2017，《女性家庭权力、夫妻关系与家庭代际资源分配》，《社会学研究》第1期。

中国老龄科学研究中心课题组，2011，《全国城乡失能老年人状况研究》，《残疾人研究》第2期。

周沛，2013，《残疾人社会福利》，山东人民出版社。

周太彤，2006，《上海老年人照料体系构建中的政府责任》，《社会福利》第7期。

朱浩，2017，《中国养老服务市场化改革三十年的回顾与反思》，《中州学刊》第8期。

庄旭荣、张丽萍，2016，《失能老人养老状况分析》，《人口学刊》第3期。

总报告起草组、李志宏，2015，《国家应对人口老龄化战略研究总报告》，《老龄科学研究》第3期。

Albert, S. M., Brassard, A. B., and Simone, B. 2004. "Older Adults' Reports of Formal Care Hours and Administrative Records." *Gerontologist* 2: 186 – 192.

Allen, S. M. and Mor, V. 1997. "The Prevalence and Consequences of Unmet Need: Contrasts Between Older and Younger." *Medical Care* 11: 1132 – 1148.

Allen, S. M., Piette, E. R., and Mor, V. 2014. "The Adverse Consequences of Unmet Need Among Older Persons Living in the Community: Dual-eligible Versus Medicare-only Beneficiaries." *The Journals of Gerontology* 7: 51 – 58.

Alonso, J. and Orfila, F. 1997. "Unmet Health Care Needs and Mortality Among Spanish Elderly." *American Journal of Public Health* 3: 365 – 370.

Ashokkumar, T., Chacko, T. V., and Munuswamy, S. 2012. "Physical Disabilities Among Rural Elderly: Identifying Surrogate Makers of Unmet Disability Care Needs." *International Journal of Tropical*

Medicine 1: 38 - 41.
Becker, G. S. 1988. "Family Economics and Macro Behavior." *American Economic Review* 1: 1 - 13.
Bernheim, B. D., Shleifer, A., and Summers, L. H. 1985. "The Strategic Bequest Motive." *Journal of Labor Economics* 6: 1045 - 1076.
Bien, B. M., Ckee, K. J., and Dohner, H. et al. 2013. "Disabled Older People's Use of Health and Social Care Services and Their Unmet Care Needs in Six European Countries." *The European Journal of Public Health* 6: 1032 - 1038.
Brodsky, J., J. Habib, and M. Hirschfeld. 2003. "The Role of Informal Support in Long-term Care." Key Policy Issues in Long-Term Care.
Campbell, J. C. 2000. "Long-term Care Insurance Comes to Japan." *Health Affairs* 3: 26 - 39.
Chen, J., Hou, F., Samaritan, C., and Houle, C. 2002. "Unmet Health Care Needs." *Canadian Social Trends* 12: 18 - 22.
Cox, D. 1972. "Regression Models and Life Table (with Discussion)." *Jrssb* 2: 187 - 220.
Davey, A., Femia, E., and Zarit, S. H. et al. 2005. "Life on the Edge: Patterns of Formal and Informal Help to Older Adults in the United States and Sweden." *The Journal of Gerontology* 6: 281 - 288.
Depalma, G., Xu, H., Kenneth, E., and Covinsky, M. D. 2013. "Hospital Readmission Among Older Adults Who Return Home with Unmet Need for ADL Disability." *Gerontologist* 3: 451 - 461.
Desai, M. M., Lentzner, H. R., and Weeks, J. D. 2001. "Unmet Need for Personal Assistance with Activities of Daily Living Among Older Adults." *Gerontologist* 1: 82 - 88.
Desalvo, K. B., Fan, V. S., and Mcdonell, M. B. et al. 2005. "Predicting Mortality and Healthcare Utilization with a Single Question." *Health Services Research* 4: 1234 - 1247.
Freedman, V. A., Martin, L. G., and Schoeni, R. F. 2002. "Recent Trends in Disability and Functioning Among Older Adults in the U-

nited States: A Systematic Review." *Jama* 24: 3137 – 3146.

Gaugler, J. E., Kane, R. L., and Kane, R. A. et al. 2005. "Unmet Care Needs and Key Outcomes in Dementia." *Journal of the American Geriatrics Society* 12: 2098 – 2105.

Gibson, M. J. and Verma, S. K. 2006. *Just Getting by: Unmet Need for Personal Assistance Services Among Persons 50 or Older with Disabilities*. Washington.

Gu, D. and Vlosky, D. A. 2008. "Long-term Care Needs and Related Issues in China." *Social Sciences in Health Care and Medicine* 12: 51 – 84.

Harrington, C., Allen, J., and Wood, J. 2002. "Met and Unmet Need for Medicaid Home and Community-based Services in the States." *Journal of Applied Gerontology* 4: 484 – 510.

Heath, Iona. 2002. "Long Term Care for Older People." *British Medical Journal* 7353: 1534.

He, S. and Craig, B. A. 2015. "Unmet Need for ADL Assistance Is Associated with Mortality Among Older Adults with Mild Disability." *The Journals of Gerontology* 9: 1128 – 1132.

Houtven, C. H. V., Coe, N. B., and Skira, M. M. 2013. "The Effect of Informal Care on Work and Wages." *Journal of Health Economics* 32 (1): 240 – 252.

Johnson, N. 1987. "The Welfare State in Transition: The Theory and Practice of Welfare Pluralism." *British Journal of Sociology* 1: 150.

Kane, N. M. 1989. "The Home Care Crisis of the Nineties." *Gerontologist* 1: 24 – 31.

Katz, S., Downs, T. D., and Davies, S. 1970. "Progress in Development of the Index of ADL." *Gerontologist* 1: 20 – 30.

Kemper. 2003. "Long-term Care Research and Policy." *Gerontologist* 4: 436 – 446.

Khaw, K. -T. 1997. "Epidemiological Aspects of Ageing." *Philosophical Transactions of the Royal Society of London. Series B., Biologi-*

cal Sciences 352 (1363): 1829 – 1835.

Komisar, H. L., Feder, J., and Kasper, J. D. 2005. "Unmet Long-term Care Needs: An Analysis of Medicare-Medicaid Dual Eligible." *Inquiry A Journal of Medical Care Organization Provision & Financing* 2: 171 – 182.

Laplante, M. P., Kaye, H. S., and Kang, T. et al. 2004. "Unmet Need for Personal Assistance Services: Estimating the Shortfall in Hours of Help and Adverse Consequences." *The Journals of Gerontology* 2: 98 – 108.

Lin, N., Ye, X., and Ensel, W. M. 1999. "Social Support and Depressed Mood: A Structural Analysis." *Journal of Health and Social Behavior* 4: 344 – 359.

Liu, Y., Chang, H., and Huang, C. 2012. "The Unmet Activities of Daily Living (ADL) Needs of Dependent Elders and Their Related Factors: An Approach from Both an Individual and Area-level Perspective." *International Journal of Gerontology* 3: 163 – 168.

Long, S. K., King, J., and Coughlin, T. A. 2005. "The Implications of Unmet Need for Future Health Care Use: Findings for a Sample of Disabled Medicaid Beneficiaries in New York." *Inquiry* 4: 413 – 420.

López-Anuarbe, M. 2013. "Intergenerational Transfers in Long Term Care." *Review of Economics of the Household* 2: 235 – 258.

Manton, K. G. 1988. "A Longitudinal Study of Functional Change and Mortality in the United States." *The Journal of Gerontology* 5: 153 – 161.

Manton, K. G. 1989. "Epidemiological, Demographic and Social Correlates of Disability Among the Elderly." *The Milbank Quarterly* 1: 13 – 58.

Manton, K. G., Gu, X., and Lamb, V. 2006. "Change in Chronic-disability from 1982 to 2004/2005 as Measured by Long-term Changes in Function and Health in the Elderly Population." *Proceedings of the National Academy of Sciences of the United States of*

America 48: 18734 – 18739.

María Galofré Olcina. 1996. "Caring for Frail Elderly People: New Directions in Care by OECD. " *Reis Revista Espaola De Investigaciones Sociológicas* 73: 283 – 286.

Messeri, P. , Silverstein, M. , and Litwak, E. 1993. "Choosing Optimal Support Groups: A Review and Reformulation. " *Journal of Health & Social Behavior* 2: 122 – 137.

Mitchell, J. and Register, J. C. 1984. "An Exploration of Family Interaction with the Elderly by Race, Socioeconomic Status, and Residence. " *Gerontologist* 1: 48 – 54.

Moroney, M. Robert, Dokecki, P. R. , and Gates, J. J. et al. 1988. *Caring and Competent Caregivers*. Georgia: The University of Georgia Press.

Morrow-Howell, N. , Proctor, E. , and Rozario, P. 2001. "How Much Is Enough: Perspectives of Care Recipients and Professionals on the Sufficiency of in-home Care. " *Gerontologis* 6: 723 – 732.

Motel, K. A. and Tesch, R. C. "Welfare States Do Not Crowd out the Family: Evidence for Mixed Responsibility from Comparative Analyses. " *Aging and Society* 6: 863 – 882.

Motel-Klingebiel, A. , Tesch-Roemer, C. , and Kondratowitz, H. V. 2005. "Welfare States Do not Crowd Out the Family: Evidence for Mixed Responsibility from Comparative Analyses. " *Ageing and Society* 25 (6): 863 – 882.

Neubourg, D. , Sigg, R. , and Behrendt, C. 2002. "The Welfare Pentagon and the Social Management of Risks. " In *Social Security in the Global Village*, edited by Sigg, R. and Behrendt, C. , pp. 313 – 331. New Brunswick: Transaction Publishers.

Newcomer, R. , Kang, T. , and Laplante, M. et al. 2005. "Living Quarters and Unmet Need for Personal Care Assistance Among Adults with Disabilities. " *The Journal of Gerontology* 4: 205 – 213.

Park, C. 2014. "Why Do Children Transfer to Their Parents? Evidence from South Korea. " *Review of Economics of the Household* 4: 461 –

485.

Patrick, D. L. and Peach, H. 1989. "Disablement in the Community." Oxford: Oxford University Press.

Pfau-Effinger, B. 2005. "Welfare State Policies and Development of Care Arrangements." *European Societies* 2: 321 - 347.

Raiz, L. 2006. "Health Care Poverty." *Journal of Sociology & Social Welfare* 4: 87 - 104.

Rowles, G. D. and Johansson, H. K. 1993. "Persistent Elderly Poverty in Rural Appalachia." *Journal of Applied Gerontology* 3: 349 - 467.

Sands, L. P., Wang, Y., and Mccabe, G. P. et al. 2006. "Rates of Acute Care Admissions for Frail Older People Living with Met Versus Unmet Activity of Daily Living Needs." *Journal of the American Geriatrics Society* 2: 339 - 344.

Singh, A., Bairwa, M., and Goel, S. et al. 2016. "Prevalence and Predictors of Unmet Needs Among the Elderly Residents of the Rural Field Practice Area of a Tertiary Care Centre from Northern India." *Malaysian Journal of Medical Sciences Mjms* 5: 44 - 70.

Spector, W. D., Katz, S., and Murphy, J. B. et al. 1987. "The Hierarchical Relationship Between Activities of Daily Living and Instrumental Activities of Daily Living." *Journal of Chronic Diseases* 6: 481 - 489.

Spitze, G. and Logan J. R. 1989. "Gender Differences in Family Support: Is There a Payoff?." *Gerontologist* 1: 108 - 113.

Stabile, M., Laporte, A., and Coyte, P. C. 2006. "Household Responses to Public Home Care Programs." *Journal of Health Economics* 7: 674 - 701.

Susan, M. and Allen, J. C. 2001. "Targeting Risk for Unmet Need: Not Enough Help Versus No Help at All." *The Journal of Gerontology* 5: 302 - 310.

Tennstedt, S., McKinlay, J., and Kasten, L. 1994. "Unmet Need Among Disabled Elders: A Problem in Access to Community Long

Term Care?." *Social Science & Medicine* 7: 915-924.

Uehara, E. 1990. "Dual Exchange Theory, Social Networks, and Informal Social Support." *American Journal of Sociology* 3: 521-557.

Wallace, S. P. and Campbell, K. 1994. "Structural Barriers to Use of Formal in-home Services by Elderly Latinos." *Journal of Gerontology* 5: 253-263.

Williams, J., Lyons, B., and Rowland, D. 1997. "Unmet Long-term Care Needs of Elderly People in the Community: A Review of the Literature." *Home Health Care Services Quarterly* 1/2: 93-119.

Zeng, Y. 2012. "Toward Deeper Research and Better Policy for Healthy Aging: Using the Unique Data of Chinese Longitudinal Healthy Longevity Survey." *China Economic Journal* 2: 131-149.

Zhen, Z., Feng, Q., and Gu, D. 2015. "The Impacts of Unmet Needs for Long-term Care on Mortality Among Older Adults in China." *Journal of Disability Policy Studies* 4: 243-251.

后 记

　　人口老龄化是社会发展的重要趋势，是人类文明进步的体现，也是今后较长一段时期我国的基本国情。选择人口老龄化作为研究主题，一方面，是快速的人口老龄化让中国从"年轻"的社会向"老化"的社会转变，在这个人口结构快速转变的进程中，产生的社会问题是多样的，也是复杂的，由此衍生的研究空间非常广阔；另一方面，则是基于自身的生活体会和调研实践，作为一个在农村和城市都有过长期生活经历的人，老年人尤其是失能老人的生存样态和照料困境给我留下了深刻印象，也让我对中国老年人的养老安排和制度构架产生了浓厚兴趣。在老龄化社会，社会各界普遍认识到老龄问题不仅仅是老年人自己的问题，但是老龄化大潮下一些社会问题的袭来往往使老年人首先受到冲击。尤其是失能老人因"失能"和"年老"的双重挤压，成为老年人中一个脆弱性较强的群体，他们往往最为缺乏抵御养老风险的可行能力。基于此，本研究希望通过从失能老人的主体地位出发，深入考察失能老人的照料贫困问题，为失能老人这个特殊群体的长期照料需求能得到完全满足尽一份绵薄之力。然而，作为一名刚刚迈入学术研究之路的青年学人，理论功底薄弱且学术水平尚浅，加之自身精力有限和资料准备得不够充分，本书还有很多不足之处，这需要我在未来的研究过程中进一步思考和完善，也恳请专家学者和同人对其中的不足与问题批评指正。

　　本书是在我的博士学位论文的基础上修改而成，论文的完成和本书的出版得到诸多师友和亲人的帮助，在这里要对他们表示最诚挚的感谢。

　　我首先要感谢恩师石人炳教授。能够师从石老师，是我人生的一大幸运和值得我珍视一生的缘分。拜入石老师门下的五年间，有赖于石老师的教导我才在学业上取得了些许成绩。还记得第一篇学术论文的写作，是石老师详细地教我如何深入分析数据、如何撰写结论与讨论才得以完成。可以说是石老师开启了我的学术之路，培养了我的学术能力。蓦然回首，我人生中的几个关键事件也都在这里演绎。五年里，我从一个毛头小子成为一名即将能够教书育人的大学老师；从一个涉世未深的男孩成为一个女人的丈夫、一个孩子的父亲。正是石老师的精心培养、鼎力支持和理解宽容成就了我、改变了我，使我不断完善、不断成长。仰之弥高，钻之弥坚。石老师的魅力，不仅仅是渊博的学识、深邃的思想、广阔的视野，更是他身上闪耀的严谨治学的追求、谦逊待人的态度、低调务实的作风。石老师的言传身教将会使我终身受益。

同时，也要感谢华中科技大学社会学院的雷洪教授、丁建定教授、孙秋云教授、王茂福教授、刘成斌教授、王三秀教授、吴中宇教授、果臻教授、陈文超老师、郭秋菊老师、郭林老师、谢勇才老师等对我学习和生活中的启发和帮助。他们身上展现的渊博的学识、平易近人的风范、低调务实的作风令我深深折服，也让我渐知"用科学之律令，察民群之变端，以明既往测方来也"。感谢匿名评审老师对论文提出的宝贵修改意见。感谢雷洪教授、谭明方教授、徐晓军教授、杨勇教授、王茂福教授不辞辛劳参加我的毕业答辩以及为论文提升和完善所给予的指导和帮助。

毕业之后，有幸进入郑州大学政治与公共管理学院工作，这里良好的工作空间、和谐的人文环境、浓厚的科研氛围、宽松的工作要求，让我得以顺畅、高效地进行我的学术研究。这次书稿能够付梓，也是得益于学院的大力支持和出版资助。在此，我要感谢高卫星教授、焦世君书记、秦国民教授、余丽教授、韩恒教授、孙远太教授、何水教授、刘兆鑫教授等给予的帮助和支持。也要感谢学院的各位同事在科研工作中的相互启迪，在行政工作中的相互支持，在日常生活中的相互帮助。

感谢社会科学文献出版社的胡庆英老师、张真真老师，她们为本书的出版付出了很多心血，也提出了很多宝贵的完善建议。

本书的完成也借鉴了国内外许多专家学者的研究成果，我尽可能地在书中做出注释和说明，在此向这些专家学者表示真诚的感谢。

最后，我还要特别感谢在我成长之路上一直默默支持的父亲、母亲和弟弟，特别感谢我的爱人和儿子，感谢你们的陪伴，你们给了我不断前进的动力。追梦之路虽辛苦，但是有你们在，虽苦亦甜。

陈宁

2021 年 2 月于郑州

图书在版编目(CIP)数据

失能老人照料贫困:现状、致因与对策/陈宁著. -- 北京:社会科学文献出版社,2021.9
ISBN 978-7-5201-9100-5

Ⅰ.①失… Ⅱ.①陈… Ⅲ.①老年人-护理-研究-中国 Ⅳ.①D669.6

中国版本图书馆 CIP 数据核字(2021)第 191912 号

失能老人照料贫困:现状、致因与对策

著　者 / 陈　宁

出 版 人 / 王利民
责任编辑 / 胡庆英
文稿编辑 / 张真真
责任印制 / 王京美

出　版 / 社会科学文献出版社·群学出版分社 (010) 59366453
　　　　　地址:北京市北三环中路甲 29 号院华龙大厦　邮编:100029
　　　　　网址:www.ssap.com.cn
发　行 / 市场营销中心 (010) 59367081　59367083
印　装 / 三河市尚艺印装有限公司

规　格 / 开　本:787mm×1092mm　1/16
　　　　　印　张:14　字　数:198 千字
版　次 / 2021 年 9 月第 1 版　2021 年 9 月第 1 次印刷
书　号 / ISBN 978-7-5201-9100-5
定　价 / 89.00 元

本书如有印装质量问题,请与读者服务中心 (010-59367028) 联系

▲ 版权所有 翻印必究